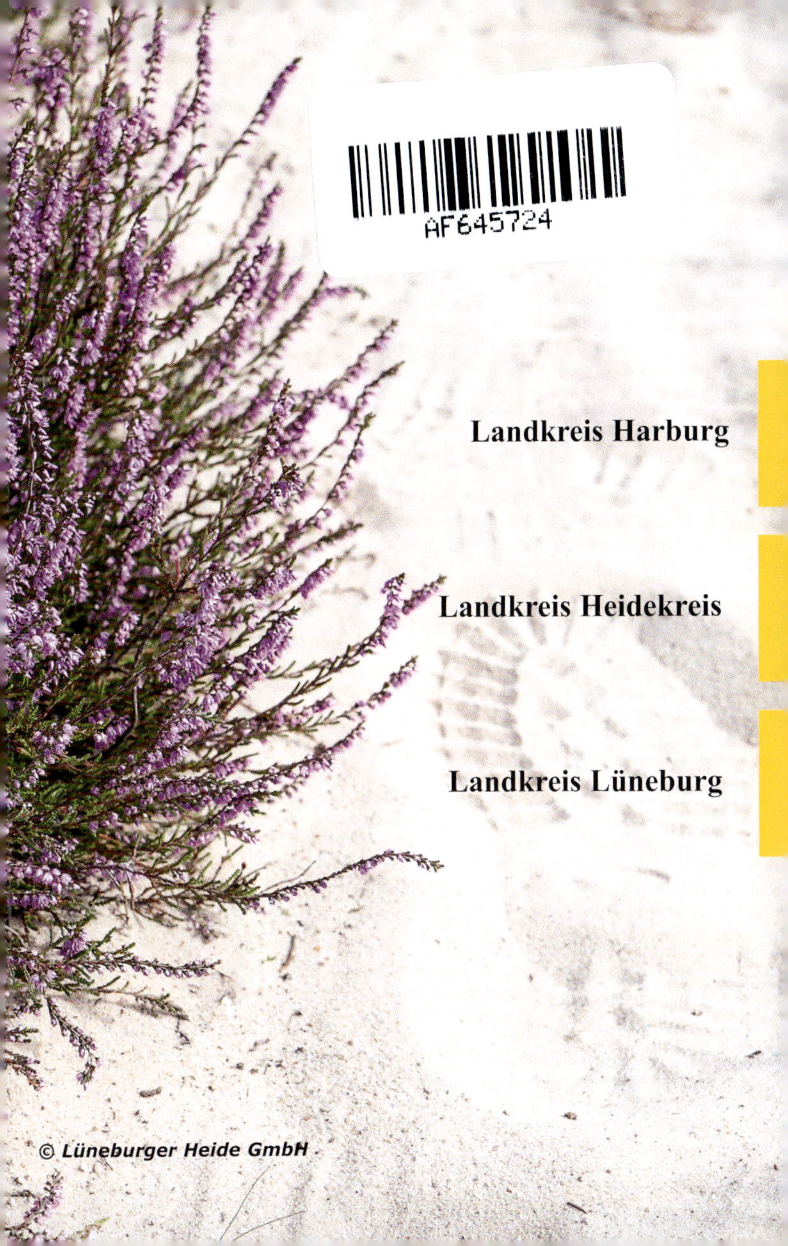

Landkreis Harburg

Landkreis Heidekreis

Landkreis Lüneburg

Lüneburger Heide

Dieses OutdoorHandbuch wurde konzipiert und redaktionell erstellt vom:

Conrad Stein Verlag GmbH
Kiefernstr. 6, 59514 Welver
☏ 023 84/96 39 12
info@conrad-stein-verlag.de
www.conrad-stein-verlag.de
www.facebook.com/outdoorverlag
www.instagram.com/outdoorverlag

Druckprodukt mit finanziellem Klimabeitrag
ClimatePartner.com/53106-2401-1012

Als Outdoor-Verlag sind uns der Schutz und die Erhaltung der Natur seit jeher ein besonderes Anliegen. Auch in Sachen Klimaschutz haben wir eine Vorreiterrolle inne: Wir sind der einzige Buchverlag in Deutschland, der bereits seit 2008 seine Bücher konsequent klimaneutral in Deutschland produzieren und transportieren lässt. Dabei wird nicht nur klimaneutral, sondern auch nachhaltig, d. h. so umweltschonend wie möglich produziert, z. B. durch die Auswahl von umweltfreundlichen Materialien. Die bei der Produktion der Bücher entstandenen CO_2-Emissionen werden durch die Unterstützung von zertifizierten Klimaschutzprojekten ausgeglichen. Jedes Buch wird daher mit dem Logo „klimaneutral“ und einer ClimatePartner-Zertifikatsnummer versehen. Mithilfe dieser Nummer können Sie unter www.climatepartner.com Informationen zu der eingesparten CO_2-Menge und dem Projekt finden, das mit der Abgabe gefördert wird.

Das Engagement des Conrad Stein Verlags wurde im Rahmen des Projekts „Klimaneutraler Buchverlag“ mit dem Westenergie Klimaschutzpreis 2022 ausgezeichnet.

OutdoorHandbuch Band 339

ISBN 978-3-86686-764-2 4., überarbeitete Auflage 2024

Text und Fotos: Norbert Rother
Karten: Manuela Dastig und Dieter Großelohmann
Lektorat: Anna-Lena Ebner
Layout: Ricarda Kuschma

Gesamtherstellung: AZ Druck und Datentechnik GmbH, Kempten

Dieses OutdoorHandbuch hat 160 Seiten mit 55 farbigen Abbildungen sowie 34 farbigen Kartenskizzen im Maßstab 1:25.000, 1:50.000 und 1: 75.000, 10 farbigen Höhenprofilen, und einer farbigen, ausklappbaren Übersichtskarte.

Alle Informationen, schriftlich und zeichnerisch, wurden nach bestem Wissen zusammengestellt und überprüft. Sie waren korrekt zum Zeitpunkt der Recherche. Eine Garantie für den Inhalt, z. B. die immerwährende Richtigkeit von Preisen, Adressen, Telefonnummern und Internetadressen, Zeit- und sonstigen Angaben, kann naturgemäß von Verlag und Autor – auch im Sinne der Produkthaftung – nicht übernommen werden.

Autor und Verlag freuen sich über Ihr Feedback. Schreiben Sie Ihre Tipps und Verbesserungen an info@conrad-stein-verlag.de oder nutzen Sie unsere Social-Media-Kanäle. Bitte nennen Sie dabei Titel, Auflage und Seitennummer.

Dieses Buch ist im Buchhandel und in Ausrüstungsläden erhältlich und kann im Internet oder direkt beim Verlag bestellt werden.

Titelfoto: Wanderer auf dem Heidschnuckenweg © Lüneburger Heide GmbH

Inhalt

Vorwort

Seit rund 5.000 Jahren wird die Lüneburger Heide besiedelt und landwirtschaftlich genutzt, aber von Anfang an hatten es die Siedlerinnen und Siedler auf dem armen Boden schwer. Durch die Nutzung und Übernutzung breiteten sich im Laufe der Zeit Heideflächen aus und es entstanden große, vegetationslose Sandflächen. Dichter, die die Heide im 18. und 19. Jahrhundert durchquerten, schilderten sie daher meist als bedrohlich und lebensfeindlich.

Heutige Besucher dagegen preisen den Charme der Lüneburger Heide. Machen Sie eine kleine Zeitreise und genießen Sie die Heideflächen mit ihrem violetten Blütenteppich, den Duft von Kiefern und Wacholder, die Moore, die verträumten Bachauen und die kleinen, sympathischen Dörfer – und natürlich die vielen Einkehrmöglichkeiten, Bänke und Picknickplätze, die Ihnen das Eintauchen in diese ganz besondere Landschaft erleichtern.

Ich hoffe sehr, dass Ihnen die Wanderungen und Spaziergänge gefallen und Ihnen ein Gefühl für diese alte Kulturlandschaft vermitteln können!

Norbert Rother

☺ Eine **Übersichtskarte** des Weges, **Autorenprofil** sowie eine Liste aller verwendeten **Symbole** in diesem Buch finden Sie auf den vorderen und hinteren Umschlagseiten bzw. -klappen.

Die Lüneburger Heide

Mit der Lüneburger Heide assoziiert man heute eine sehr schöne, leicht wellige und sonnige Landschaft, die die Wanderinnen und Wanderer mit weiten, violett-rosa blühenden Heideflächen, weißen Birkenalleen, verträumten Sandwegen und dunkelgrünen Wacholdergruppen erfreut. Aber die Lüneburger Heide ist mehr als Heidekraut und Wacholder. Sie ist vor allem eine sehr alte, dünn besiedelte Kulturlandschaft mit einer an die Gegebenheiten angepassten Landwirtschaft, die ihrerseits das Landschaftsbild nachhaltig geprägt hat.

Es ist kein Zufall, dass in der Lüneburger Heide bereits 1905, zum allerersten Mal in Deutschland überhaupt, damit begonnen wurde, Flächen wegen ihrer besonderen Schönheit und Eigenart für den Naturschutz zu kaufen und sie zu bewahren. Bereits 1922 entstand daraus das Naturschutzgebiet Lüneburger Heide, das heute eine Fläche von 234 km² umfasst und im Herzen des über 1.000 km² großen Naturparks Lüneburger Heide liegt.

Blühende Heidefläche © Lüneburger Heide GmbH

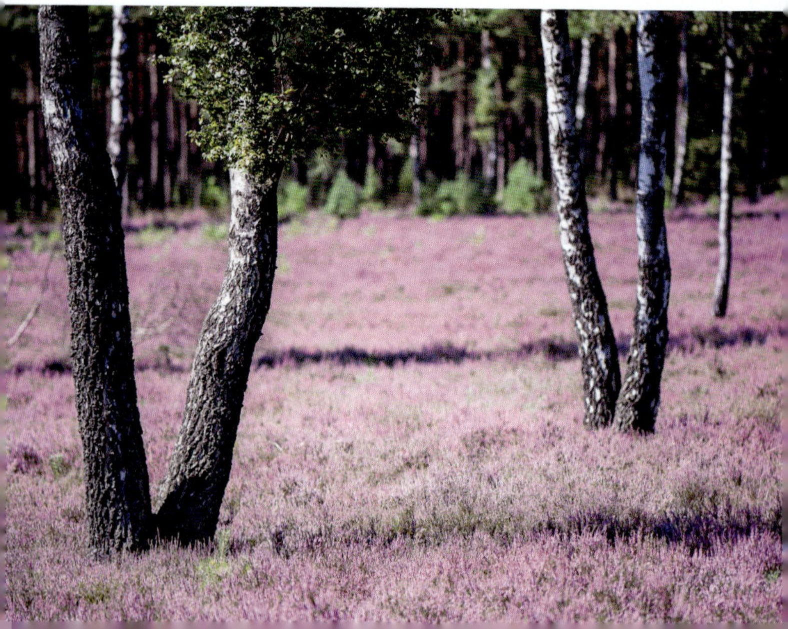

Das Naturschutzgebiet Lüneburger Heide besteht heute zu ca. 58 % aus Wald, meist aus Kiefernwald, aber teilweise auch aus Birken-, Eichen-, Buchen- und Erlenwald. Nur auf ungefähr 20 % der Fläche findet man die namensgebenden Heiden. Die Wälder, Felder, Wiesen, Moore und Heiden sind kleinräumig verteilt, sodass die hier im Buch beschriebenen Wanderwege sehr abwechslungsreich sind.

Grundlegend für die Landschaft der Lüneburger Heide waren die Eiszeiten. Der sandige und kiesige Boden und die allgegenwärtigen Findlinge sind die Überreste der Grund- und Endmoränen, die die Gletscher vor über 200.000 Jahren hier abgelagert haben. Der karge Boden, in dem der Regen allzu schnell versickert, kann nur mit viel Mühe landwirtschaftlich genutzt werden.

Um die kleinen Ackerflächen wenigstens ein bisschen mit Nährstoffen zu versorgen, wurden große Flächen geplaggt, d. h., die obere, mit Humus angereicherte Bodenschicht wurde entfernt, als Stalleinstreu in den Schafställen genutzt und dann auf den Acker transportiert. Es entstanden dadurch vegetationslose Flächen, auf denen der Wind Dünen entstehen ließ. Das an Trockenheit und kargen Boden angepasste Heidekraut eroberte die abgeplaggten Gebiete erneut, bis es wieder entfernt wurde und als Dünger auf den Feldern landete. Die Fläche eines typischen Heidehofes bestand Mitte des 19. Jahrhunderts zu über 80 % aus Heide. Nur 10 % waren Ackerland, den Rest teilten sich Wiesen, Garten, Moor und Wald.

Zu einem typischen Heidebauernhof gehörten außerdem die Schafzucht und die Imkerei. Auch heute noch sind Schafställe, Heidschnuckenherden und Bienenzäune typisches Inventar der Lüneburger Heide.

Besonders zur Heideblüte im August und September (als Merkhilfe: 8.8. bis 9.9.) kommt eine große Besucherzahl in die Heide. Viele davon erleben die Landschaft mit dem Fahrrad, zu Pferd oder mit den vielerorts angebotenen Kutschfahrten. Wanderinnen und Wanderer können auf einem insgesamt rund 700 km langen, gut ausgeschilderten und mit einer guten Infrastruktur ausgestatteten Wandernetz die Heide erkunden. Auf Spaziergängen, Rund- und Streckenwanderungen können Sie die schöne Lüneburger Heide genießen. Auf manch einsamen Wegen in der Lüneburger Heide wähnt man sich ganz weit weg von der Zivilisation und tief inmitten einer ursprünglichen Natur, auch wenn die Landschaft tatsächlich durch menschliches Wirtschaften entstanden ist.

Reise-Infos

Anreise

Die B3 und die A7 durchziehen den Naturpark Lüneburger Heide von Nord nach Süd, sodass das Wandergebiet trotz der dünnen Besiedlung mit dem Pkw hervorragend erreichbar ist. Für Wanderer, die im eigenen Pkw anreisen, stehen außerdem viele Wanderparkplätze zur Verfügung.

Die im Wandergebiet gelegenen Städte und Gemeinden Buchholz, Hanstedt, Holm-Seppensen, Walsrode, Schneverdingen und Soltau erreichen Sie mehrmals täglich mit Regionalzügen, die nahen Städte Hamburg, Hannover, Celle und Lüneburg auch mit dem ICE oder IC.

Informationen zur Anreise mit der Bahn erhalten Sie unter 💻 www.bahn.de (Deutsche Bahn) oder 💻 www.hvv.de (Hamburger Verkehrsverbund).

Unterkünfte

Die größten Heideflächen liegen im Naturschutzgebiet Lüneburger Heide und dort finden Sie die meisten Wanderungen. Für eine kurze Anreise empfehlen sich daher die kleinen, zentralen Orte Wilsede, Undeloh und Niederhaverbeck als Standort für Ihren Urlaub. Größere Orte mit guter Wanderinfrastruktur sind Buchholz in der Nordheide, Handeloh, Schneverdingen, Amelinghausen und Bispingen.

Die Heide ist touristisch gut erschlossen, es mangelt nicht an Übernachtungsmöglichkeiten. Allerdings sollten Sie während der Saison im August/September vor dem Ausflug bereits eine Übernachtung buchen, da die berühmte Heideblüte viele Gäste anlockt. Zur Planung und Buchung von Übernachtungen sind folgende Internetseiten hilfreich:

💻 www.naturpark-lueneburger-heide.de

💻 www.verein-naturschutzpark.de

💻 www.lueneburger-heide.de

Öffentliche Verkehrsmittel

In Buchholz, Hanstedt, Holm-Seppensen, Walsrode, Schneverdingen und Soltau, die alle im Wandergebiet liegen, halten mehrmals täglich Regionalzüge.

Ein besonderes Angebot ist der zwischen Mitte Juli und Mitte Oktober verkehrende **Heide-Shuttle**. Auf fünf Ringen fahren Sie kostenlos mit Bussen durch die Heide, u. a. zu folgenden Orten:

- ▷ **Ring 1**: Oberhaverbeck – Wintermoor – Schneverdingen – Bispingen – Behringen – Oberhaverbeck
- ▷ **Ring 2**: Oberhaverbeck – Wintermoor – Wesseloh – Tostedt – Handeloh – Undeloh – Egestorf – Oberhaverbeck
- ▷ **Ring 3:** Buchholz – Jesteburg – Hanstedt – Nindorf – Salzhausen – Egestorf – Undeloh – Wesel – Buchholz
- ▷ **Ring 4:** Soltau – Bispingen – Oberhaverbeck – Schneverdingen – Neuenkirchen – Soltau
- ▷ **Ring 5:** Lüneburg – Melbeck – Amelinghausen – Evendorf – Egestorf – Kirchgellersen – Lüneburg

Die Busse fahren in der Saison von Mitte Juli bis Mitte Oktober täglich sechs- bis achtmal ihre Runde. Der Fahrplan für das laufende Jahr wird ab Mai unter 💻 www.heide-shuttle.de bekannt gegeben. An den Bahnhöfen Schneverdingen und Handeloh können Sie vom Bus in die Heidebahn Erixx, in Buchholz in den Metronom umsteigen.

Bitte beachten Sie bei den normalen Busverbindungen, dass die Lüneburger Heide eine dünn besiedelte Landschaft ist. Kleine Orte sind möglicherweise durch öffentliche Verkehrsmittel nicht oder nur eingeschränkt erreichbar. Eine Kennzeichnung von 🚌 Bushaltestellen entlang der Strecken würde zu der Hoffnung Anlass geben, dass Sie tatsächlich jederzeit mit dem Bus dorthin und wieder zurückfahren könnten. Die Erreichbarkeit schwankt aber sehr stark jahreszeitlich bedingt (innerhalb oder außerhalb der Saison), innerhalb einer Woche (Wochenende oder Werktag) und natürlich im Laufe des Tages. Damit Sie nicht an Bushaltestellen stranden, die erst im nächsten Sommer wieder angefahren werden, habe ich auf die Kennzeichnung mit dem Symbol 🚌 verzichtet.

Fahrplanauskünfte bekommen Sie über die Internetseite 💻 www.efa.de. Über die „Interaktive Karte" finden Sie dort alle Bushaltestellen in der Heide und können sich die Fahrpläne herunterladen. Recherchieren Sie bitte unbedingt die aktuellen Verbindungen oder fragen Sie in den Tourist-Infos nach.

Taxis

Taxis finden Sie in mehreren Orten. Hier eine kleine Auswahl:

🚗 Schneverdingen: Taxi- und Mietwagenservice Kessler, ☏ 051 93/32 22

- Buchholz in der Nordheide: Dein City Taxi, ☏ 041 81/13 90 77
- Egestorf: Brigitte Gräper, ☏ 041 75/80 28 98
- Salzhausen: Weber, ☏ 041 72/988 05 40
- Bispingen: Taxi Rathje, ☏ 051 94/15 00
- überregional: aus allen Mobilfunknetzen ☏ 224 56*

Kutschen

Kutschen sind als öffentliches Verkehrsmittel nicht mehr en vogue, aber in der Lüneburger Heide findet man sie noch. Die Kutschbetriebe unterwerfen sich etlichen Prüfungen (TÜV, Pferdegesundheit, Kenntnisse zu Kultur und Natur), um sich als „Qualitätskutschbetrieb Lüneburger Heide" zertifizieren zu lassen. Zu erkennen sind diese Qualitätskutscher an Logos und Namensschildern auf den Kutschen.

Einen Überblick über die Abfahrtsorte und die Telefonnummern der Kutschbetriebe finden Sie auf 💻 www.lueneburger-heide.de/4627. Oder Sie lassen sich von den Tourist-Infos weiterhelfen.

Wanderkarten

Leider gibt es keine Karte, die alle Wanderungen im gesamten Gebiet abdeckt.

Empfehlenswert sind die folgenden Karten:

- ▷ Kompass Wanderkarte 718 „Lüneburger Heide" (deckt den Bereich von Hollenstedt, Buchholz und Winsen im Norden über Schneverdingen im Westen bis Soltau und Munster im Süden ab), Maßstab 1:50.000, wetterfest, Auflage 2021
- ▷ freytag & berndt, WKD 5082, Naturpark Lüneburger Heide, Wander-, Rad- und Freizeitkarte, Maßstab1:50.000, mit Infoguide (deckt alle Touren ab bis auf Tour 1), wetterfest, Auflage 2021

Ansonsten sind die bekannten topografischen Karten der LGLN (Landesamt für Geoinformation und Landesvermessung Niedersachsen) im Maßstab 1:50.000 sehr gut geeignet, die Sie entweder im Onlineshop (💻 www.lgln.niedersachsen.de) oder im Buchhandel kaufen können.

Spezialisiert auf Landkarten und Reiseführer für den Norden ist die Geobuchhandlung in Kiel, über die Sie auch die genannten Karten beziehen können:

- Geobuchhandlung Kiel, Schülperbaum 9, 24103 Kiel, ☏ 04 31/910 02, ✉ info@geobuchhandlung.de, 💻 https://geobuchhandlung.de

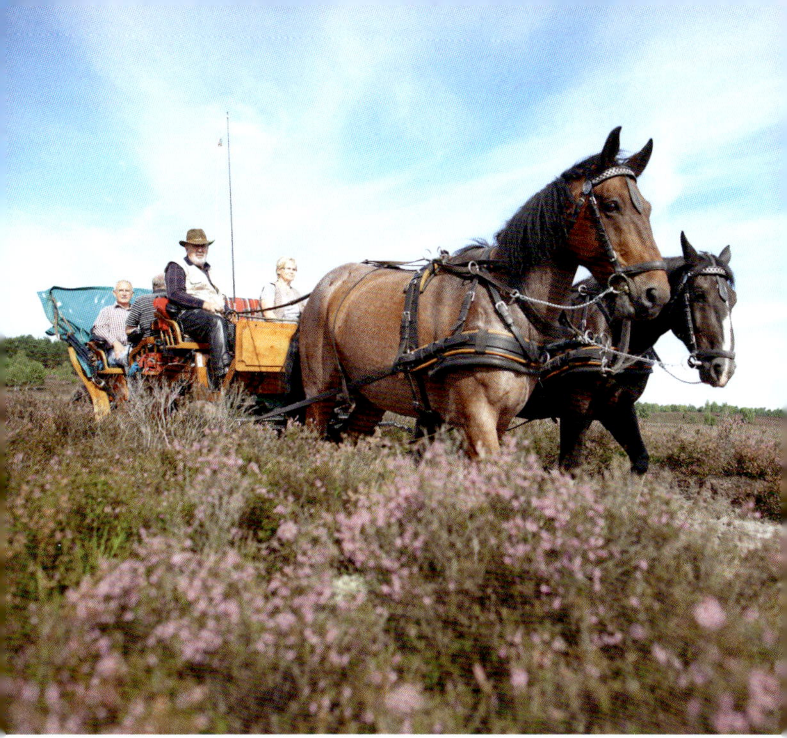

Kutschfahrt durch die Heide © Lüneburger Heide GmbH

☺ Die Kartenempfehlungen wurden von der Geobuchhandlung Kiel überprüft.

☺ Wo die Wanderwege durch ein besonders ebenes Terrain verlaufen, haben wir auf die Darstellung eines Höhenprofils verzichtet. Fehlende Profile sind kein Flüchtigkeitsfehler, sondern zeigen an: Die Tour ist besonders eben (< 50 Höhenmeter).

GPS

Die GPS-Tracks zu den beschriebenen Wegen können Sie auf der Internetseite des Verlags (💻 www.conrad-stein-verlag.de) herunterladen.

Touristisches Angebot

Die Lüneburger Heide ist touristisch sehr gut erschlossen. Eine Vielzahl von Übernachtungs- und Einkehrmöglichkeiten erleichtern und verschönern die Wanderungen. Restaurants locken mit typischen Heidegerichten wie Heidschnuckenbraten und Buchweizenpfannkuchen. Am Straßenrand werden häufig Honig und Kartoffeln angeboten und in der Hauptsaison finden viele Feste und Aufführungen zum Thema Heide statt. Einen Überblick über das touristische Angebot finden Sie z. B. auf der Internetseite 💻 www.lueneburger-heide.de.

Zum touristisch-kulturellen Angebot der Lüneburger Heide gehören auch immer mal wieder Gedichte von Hermann Löns (1866-1914), der wie kaum ein anderer mit der Lüneburger Heide verbunden wird.

Hermann Löns

Hermann Löns schrieb Jagdgeschichten, Landschaftsschilderungen und Romane, die eine sehr hohe Auflage erreichten. Allerdings ist sein Werk aufgrund der nationalistischen Grundstimmung umstritten.

Und auch als Mensch war er nicht einfach. Sein Studium (Medizin, Naturwissenschaften und Mathematik in Greifswald, Münster und Göttingen) musste er wegen Alkoholexzessen abbrechen, aus seinen ersten Stellen als Hilfsredakteur wurde er wegen Alkohol und Unzuverlässigkeit entlassen. Auch seine erste Ehe mit Elisabeth ging wohl wegen seines Alkoholismus schief. Seine zweite Ehe mit Lisa scheiterte, nachdem er ihr eine Dreierbeziehung mit ihrer blutjungen Cousine Hanna vorgeschlagen hatte. Er weigerte sich, Alimente für seinen Sohn zu zahlen und lebte mit der 24 Jahre jüngeren Ernestine zusammen.

Löns meldete sich kurz nach Ausbruch des Ersten Weltkrieges als Freiwilliger und fiel einen Monat später 10 km nördlich von Reims, wo er zum ersten Mal begraben wurde. 1919 wurde er möglicherweise auf einen Militärfriedhof und in den 20er-Jahren noch einmal in ein Massengrab umgebettet. Möglicherweise wurde er aber auch beim Pflügen ausgegraben. Auf jeden Fall wurden die eventuell von Löns stammenden sterblichen Überreste 1934 nach Deutschland überführt und hochrangige NS-Vertreter setzten sich für ein Begräbnis in der Heide ein. Allerdings zog sich die Prozedur lange hin, weil niemand das Grab auf seinem Grund haben wollte (Löns' Ehefrau Lisa hatte genervt angedroht, sie würde den Sarg einfach im Bahnhof von Hannover auf dem Bahnsteig deponieren) und obendrein Zweifel an der Echtheit der Gebeine aufgekommen waren. Deshalb stahlen SA-Mitglieder den Sarg und beerdigten ihn bei Barrl, wo ihn die Reichswehr ein

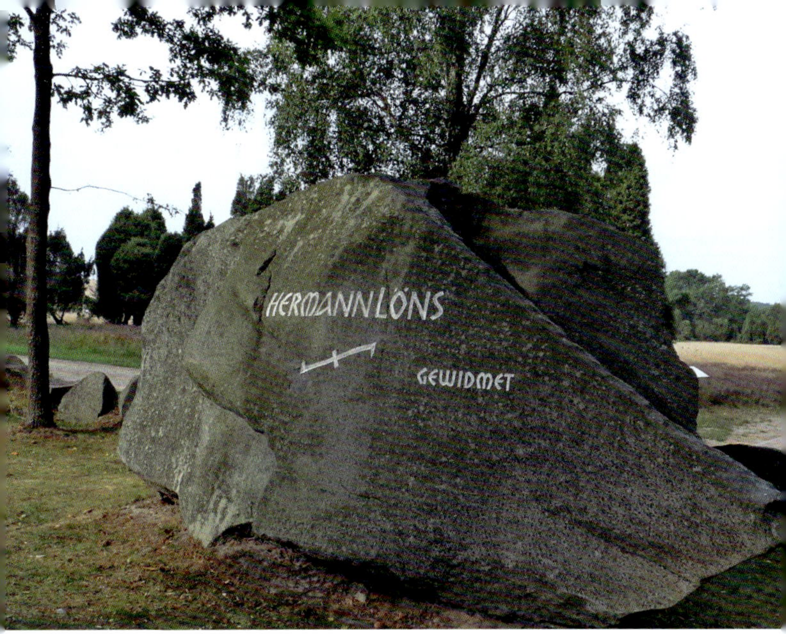

Hermann-Löns-Findling in Niederhaverbeck

Jahr später wieder ausgrub und ihn – bis jetzt zum letzten Mal – im Tietlinger Wacholderhain bei Walsrode beisetzte. Ob aber tatsächlich Löns dort liegt, ist ungewiss.

Klima und Reisezeit

Wanderungen in der Lüneburger Heide haben zu jeder Jahreszeit ihren Reiz, es kommt immer darauf an, was man denn erfahren möchte. In den kalten Monaten kann die Heide ungemütlich und windig sein, aber die spätherbstlichen Nebelbänke über Moor und Heide haben einen ganz besonderen Reiz. Und wenn frühmorgens die Sonne die unzähligen Tautropfen zum Glitzern bringt, die von den Spinnennetzen zwischen den Heidepflanzen eingefangen wurden, dann ist ein besonders schönes Erlebnis.

Allerdings gibt es schon eine ausgeprägte Saison von Juli bis Oktober, die sich auf die öffentlichen Verkehrsmittel, Restaurants und allgemein auf das touristische Angebot auswirkt. In den Sommermonaten ist der Duft der Landschaft ganz besonders intensiv. Auf den schattenlosen Heideflächen kann es dann aber auch unangenehm heiß werden. Die eindrucksvollste Zeit ist sicher die Heideblüte, etwa vom 8.8. bis 9.9. Das Lila der Heideflächen hat seit jeher die Besucherinnen und Besucher begeistert und tut es heute immer noch.

Wandern mit Kind

Die Wanderungen in der Heide sind weder schwierig noch gefährlich, es gibt keine Klippen, keine Stromschnellen, keine unüberwindlichen Hindernisse.

Wilde und gefährliche Tiere sind äußerst selten. Kreuzottern kommen gelegentlich vor, sind aber sehr scheu und beißen nur bei massiver Bedrohung. 2022 gab es immerhin in Österreich einige Beißunfälle mit Kreuzottern und Kindern, daher darf man die Gefahr auch für die Heide nicht gänzlich ausschließen. Allerdings konnte ich für die Heide bisher keinen einzigen Beißunfall recherchieren. Wölfe sind seit einiger Zeit in der Lüneburger Heide heimisch, aber sie sind noch schwerer zu entdecken als Kreuzottern (siehe auch „Wölfe" bei Tour 28) und Unfälle mit Menschen hat es noch nie gegeben.

Die Lüneburger Heide ist – auch unter Berücksichtigung dieser Beipackzettelgefahren – eine äußerst ungefährliche Gegend, in der man abseits vom Straßenverkehr ganz entspannt mit Kindern wandern kann.

Wandern mit Hund

Die Lüneburger Heide eignet sich grundsätzlich sehr gut für Wanderungen mit Hund, denn es fehlen landschaftsgebundene Gefahrenpunkte wie z. B. Klippen.

Bitte denken Sie daran, dass die Heide eine trockene Landschaft ist, sodass Sie ggf. nicht nur für sich selbst, sondern auch für Ihren Hund ausreichend Wasser mitnehmen müssen. In den Touren habe ich, sofern vorhanden, auf natürliche Trinkmöglichkeiten hingewiesen.

Außerdem müssen Sie den Leinenzwang im Naturschutzgebiet berücksichtigen. In den Touren finden Sie daher immer einen Hinweis darauf, ob und in welchen Abschnitten der Wanderweg durch Naturschutzgebiete führt und ob Sie den Leinenzwang berücksichtigen müssen oder nicht.

Geführte Touren und Vorträge

In vielen Ortschaften in der Lüneburger Heide werden geführte Wanderungen oder Vorträge über Natur und Kultur und Aktionen rund um die Heide angeboten, die Sie am besten über die Tourist-Infos erfragen oder über die Internetseite www.lueneburger-heide.de recherchieren.

Die Vorträge und geführten Wanderungen des Heide-Rangers Jan Brockmann (www.heide-ranger.de) möchte ich Ihnen besonders empfehlen. Er ist ein intimer Kenner der Lüneburger Heide, der sein Wissen spannend vermitteln kann. Von ihm habe ich viel über die Heide und ihre Geschichte erfahren.

Updates

Der Conrad Stein Verlag veröffentlicht Updates zu diesem Buch, die direkt vom Autor oder von Leserinnen und Lesern dieses Buches stammen. Sie finden diese auf der Verlagshomepage www.conrad-stein-verlag.de. Der abgebildete QR-Code führt Sie direkt dorthin.

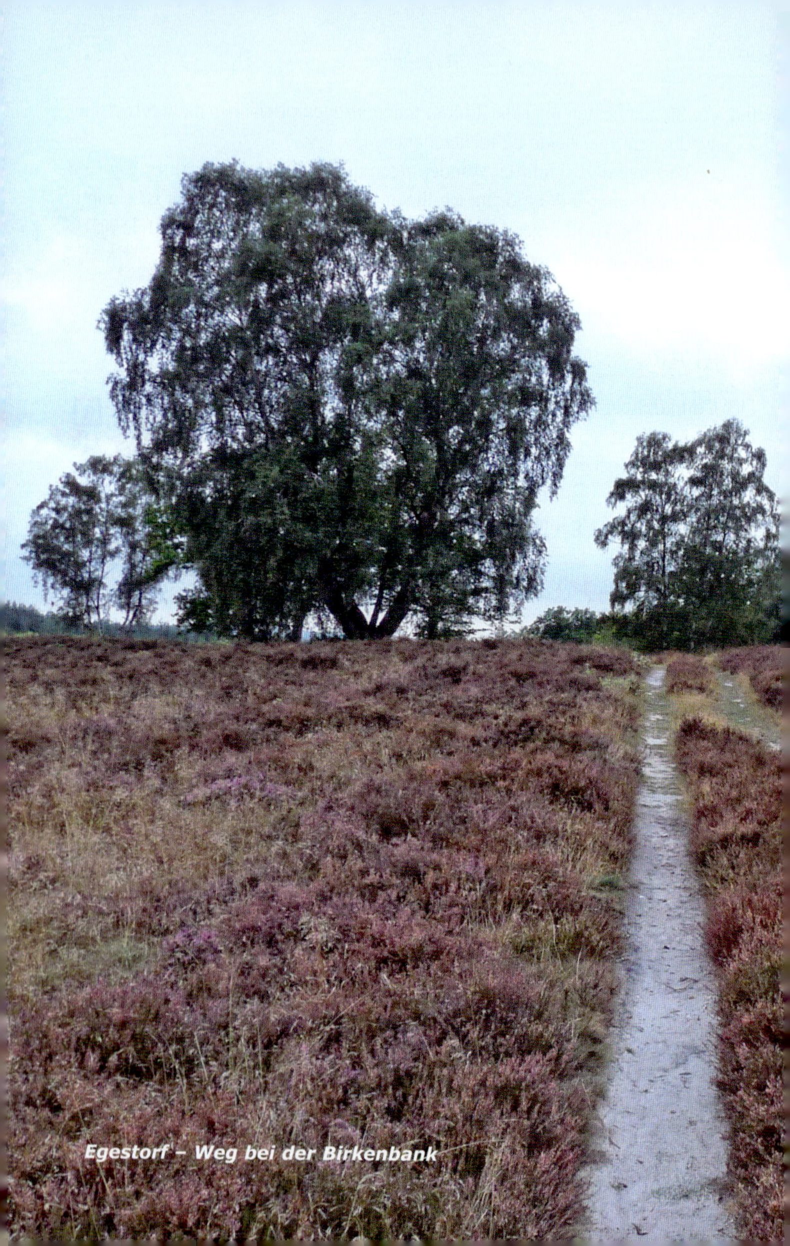

Egestorf – Weg bei der Birkenbank

Landkreis Harburg

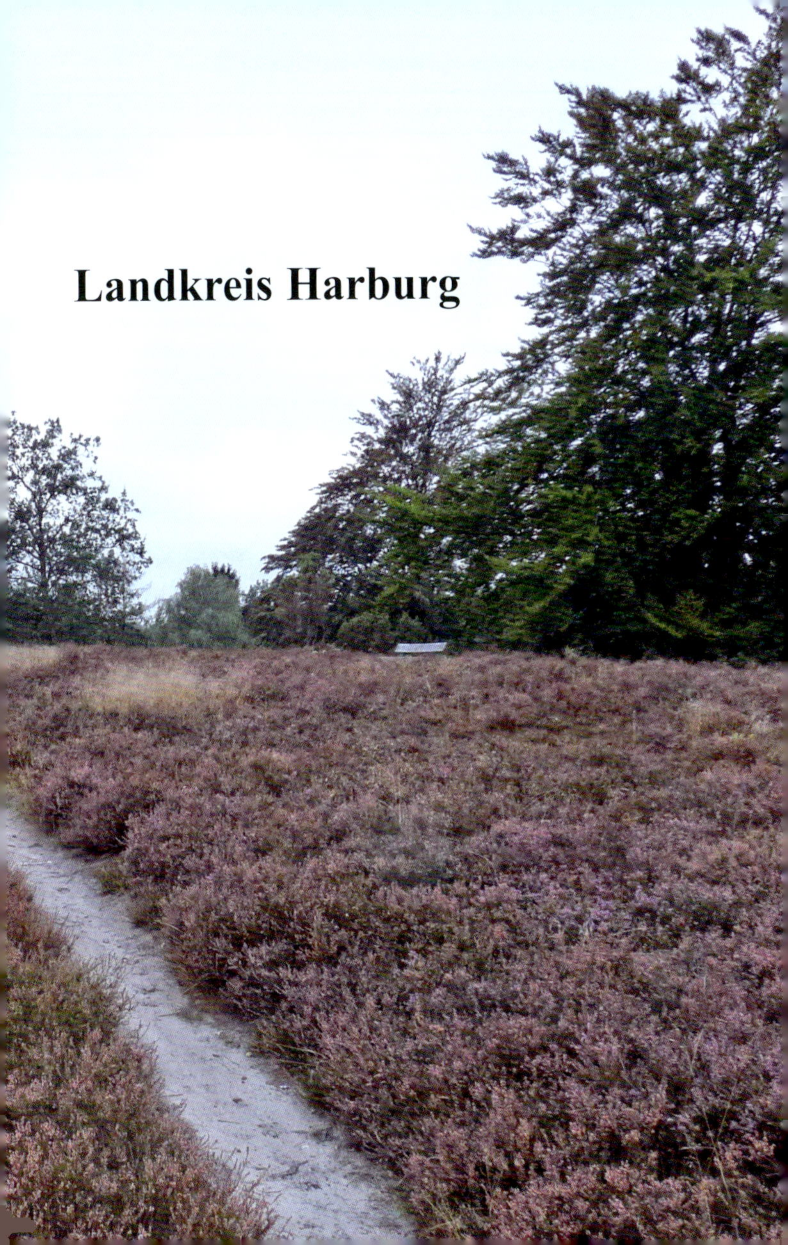

❶ Märchenwanderweg Jesteburg

Spaziergang für Familien durch eine Märchenwelt

Dieser Waldspaziergang ist ganz auf Kinder zugeschnitten. Der böse Trickser hat den Zauberstab zerbrochen und die Freunde Keril, Pinki und Zipfel müssen gemeinsam mit Ihren Kindern einige Abenteuer bestehen, um sich die Zutaten für einen neuen Zauberstab zu beschaffen. Sie müssen über Hindernisse balancieren, fliegende Tannenzapfen treffen und natürlich den Weg finden, der durch zerbrochene Zauberstäbe markiert ist.

- Start/Ziel: Eingang des Wanderweges am Lohof bei Jesteburg, GPS N 53°19.405' E 009°58.228'
- 2,8 km
- mind. 1 Std.
- 52 m/52 m
- 30-78 m
- Schild mit zerbrochenem Zauberstab
- verdichtete Waldwege
- keine

Die drei Freunde Keril, Pinki und Zipfel

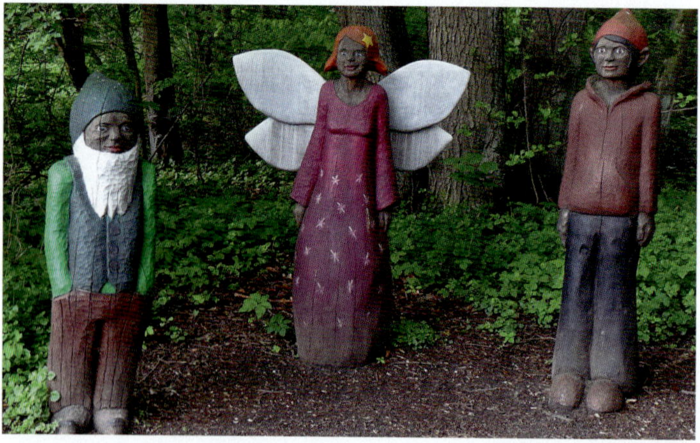

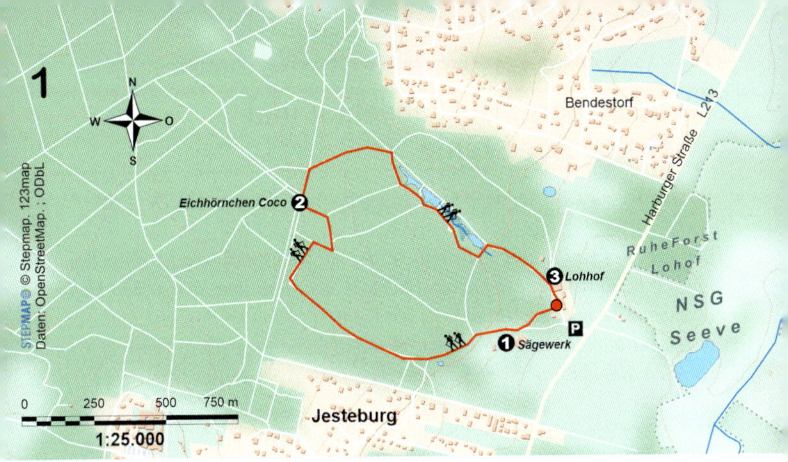

⛩	viele Sitzbänke und Möglichkeiten zum Ausruhen, schöner Rastplatz an einem Teich (km 2,1)
WC	Am Ende des Weges, kurz bevor Sie wieder auf den Lohof treffen, steht ein Dixi-Klo.
👪	speziell für Kinder angelegter Märchenweg
🚼	Der Weg ist insgesamt sehr leicht mit Buggys befahrbar.
🐕	Waldwege, Trinkmöglichkeit an einem Teich (km 2,1)
P	Parkplatz am Lohof bei Jesteburg, Lohof 1, Jesteburg, GPS N 53°19.365' E 009°58.269'

Vom Parkplatz gehen Sie auf den Lohof zu und erreichen den Eingang dieses schönen Waldspazierganges, der nicht nur Ihren Kindern Freude bereiten wird. Am Eingang werden Sie von drei Holzfiguren empfangen, den Protagonisten dieses Weges: Keril, Pinki und Zipfel. Sie folgen dem Weg bis zur weisen Schlange, die sich rechts des Weges einen Baum hinabwindet (km 0,1).

Kurz darauf erreichen Sie ein Sägewerk ❶, das Sie nach rechts umgehen. Im weiteren Verlauf zeigen an Kreuzungen und Abzweigungen zerbrochene Zauberstäbe mit gelbem Stern auf blauem Grund an, in welche Richtung Sie weitergehen müssen. Die Orientierung ist durch die gute Ausschilderung und die 15 Stationen mit Figuren und Aufgaben (nein: Abenteuern!) sehr leicht. Sie werden ein Einhorn entdecken, einem Frosch einen Gefallen tun, von einem Eichhörnchen Spinnenspuckekräutersaft bekommen und zum Schluss sogar den einäugigen Trickser sehen.

Beim Eichhörnchen Coco ❷ (Station 9, km 1,5) gehen Sie geradeaus weiter (mit Coco links von Ihnen) und ins Tal hinein. Am Ende kommen Sie wieder am Lohof ❸ an, den Sie überqueren.

❷ Brunsberg, Büsenbachtal und Seppenser Mühle

Wanderung für Liebhaberinnen und Liebhaber von Natur und Heide

Der Bahnhof von Holm-Seppensen ist der Ausgangspunkt dieses abwechslungsreichen Rundwanderweges durch Felder, Wälder und über die großen Heideflächen am 129 m hohen Brunsberg, am Pferdekopf und im Büsenbachtal. Sehenswert sind außerdem die Büsenbachschwinde, die Seppenser Mühle mit ihrem schönen Mühlteich und der Schmetterlingspark in Seppensen.

Start/Ziel: Bahnhof Holm-Seppensen, GPS N 53°17.055' E 009°52.210' (auf diesen Ausgangspunkt beziehen sich die km-Angaben).
Auch als Ausgangspunkt geeignet sind der Parkplatz Büsenbachschwinde (km 13,8), GPS N 53°16.151' E 009°51.385' bzw. der Bahnhof Büsenbachtal (ca. 100 m vom Parkplatz entfernt).

16,1 km

5 Std.

174 m/174 m

38-129 m

„F“ (km 1-km 3), „2“ (km 3-km 5,3), Heidschnuckenweg (H) (km 6,8-km 12,8)

überwiegend unbefestigte oder verdichtete Feld- und Waldwege, manchmal sehr sandig, in Ortslagen befestigte Wege

einige Einkehrmöglichkeiten am Start/Ziel in Holm-Seppensen, Schmetterlingspark (km 5,4), Café Schafstall (km 13,6)

viele Sitzbänke zum Ausruhen, Brunsberg mit wunderbarer Rundumsicht auf Heideflächen (km 8,7), Pferdekopf mit sehr schöner Aussicht auf das Büsenbachtal (km 12,4)

Der Schmetterlingspark (km 5,4) ist für Familien mit Kindern (aber auch für Einzelwanderinnen und -wanderer) ein schönes Ziel.

einige sandige Wegabschnitte, Abstieg zur Höllenschlucht sehr steil und schmal, Stufen am Büsenbachsteg

Leinenzwang im Naturschutzgebiet, Trinkwasser nur entlang des Büsenbaches

Parken am Bahnhof Holm-Seppensen, Bahnhofsweg, Holm-Seppensen, Buchholz (km 0); Parkplatz Büsenbachschwinde, Handeloher Str. 20, Handeloh-Wörme (km 13,8)

Bahnhof Holm-Seppensen und Bahnhof Büsenbachtal (ca. km 13,9) mit regelmäßigen Verbindungen in verschiedene Richtungen (RB38)

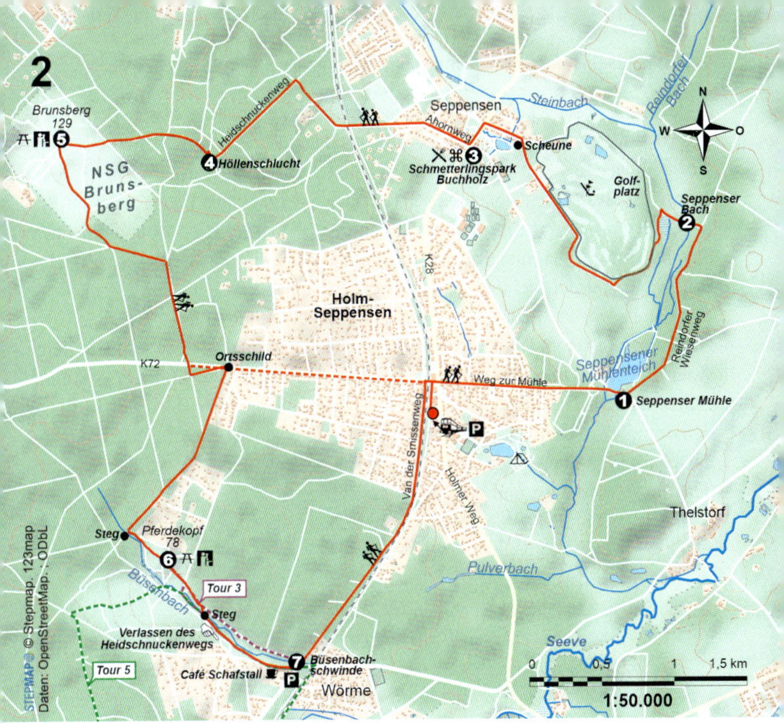

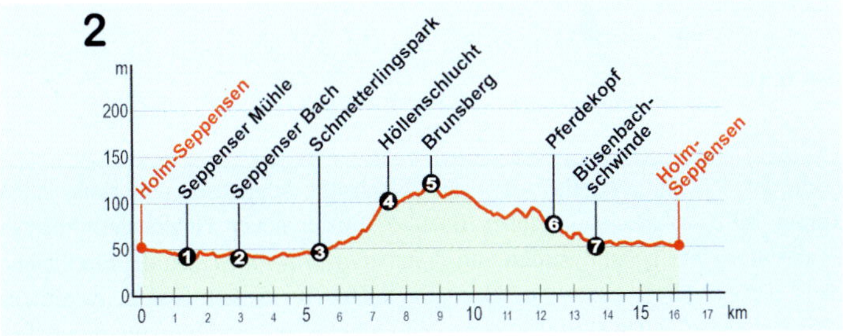

Vom Bahnhof aus gehen Sie nach Norden bis zum Lohbergenweg, wenden sich dort nach rechts, überqueren die Hauptstraße Niedersachsenweg und folgen dem Hinweisschild „Seppenser Mühle". Auf dem Weg zur Mühle wandern Sie geradeaus aus dem Ort hinaus und erreichen einen Steg, der Sie über einen Bach bringt (km 1,4). Sie gehen hoch zur Straße und folgen dann dem „F" nach rechts.

Die Seppenser Mühle ❶ finden Sie rechts am Mühlteich. Hinter dem Teich, ca. 50 m hinter der Mühle, folgen Sie links dem „F". An der nächsten Gabelung (km 1,9) gehen Sie nach links („F") in den Reindorfer Wiesenweg und weiter immer geradeaus. Schließlich biegen Sie nach links auf einen Weg ab, der für Reiter gesperrt ist (km 2,8), und überqueren den Seppenser Bach ❷ und auf einem Damm (km 2,9) ein Sumpfgebiet. Auf Ihrer linken Seite wächst ein Erlen-Birken-Bruchwald, auf der rechten Seite finden Sie Grünland.

Hinter dem Wall führt der Weg halb rechts weiter und Sie verlassen den Hauptweg auf einem Pfad nach links (Wanderweg mit der „2"). Sie wandern durch Wald und dann durch Wiesengelände und haben dabei den Golfplatz des Golfclubs Buchholz Nordheide e. V. immer auf Ihrer rechten Seite. Sie erreichen Seppensen bei einer Scheune, die 1962 erbaut wurde (km 5). Hier folgen Sie der „2" nach links nach Seppensen hinein bis zur Hauptstraße (km 5,3), wo Sie den Wanderweg „2" verlassen und sich nach links wenden.

Nach 100 m biegen Sie beim Schmetterlingspark ❸ rechts in den Ahornweg ein.

✕ ⌘ **Schmetterlingspark Buchholz**, Am Mühlteich 2, Buchholz, 💻 www.schmetterlingspark-buchholz.de, 🚪 4.4.-25.10. tgl. 10:00-17:00, im Winter geschlossen. Der Schmetterlingspark zeigt eine Vielzahl von lebenden Schmetterlingen. Und nach der Expedition steht Ihnen zur Regeneration eine Cafeteria zur Verfügung.

Auf dem Ahornweg verlassen Sie den Ort und überqueren die Heidebahn (km 6,3).

Heidebahn

Ende des 19. Jahrhunderts hatten die Ortschaften Seppensen und Holm einen Traum: Jede wollte einen eigenen Bahnhof an der neuen Heidebahn. Aber es konnte nur einer gebaut werden und dummerweise konnten sich die Streithähne nicht darüber einigen, wer ihn bekommen sollte. Aus diesem Grunde wurde der Bahnhof genau in der Mitte zwischen den Orten gebaut und rund um den Bahnhof entstand ein neuer Ort: Holm-Seppensen.

Nach dem Bau des Bahnhofs von Holm-Seppensen entwickelte sich die heutige Ansiedlung von Gaststätten, Läden und Ferienhäusern, denn der Ort wurde zu einem viel besuchten Naherholungsziel der Hamburger. Holm-Seppensen wuchs und prosperierte und heute soll es, wie man munkelt, das reichste Dorf

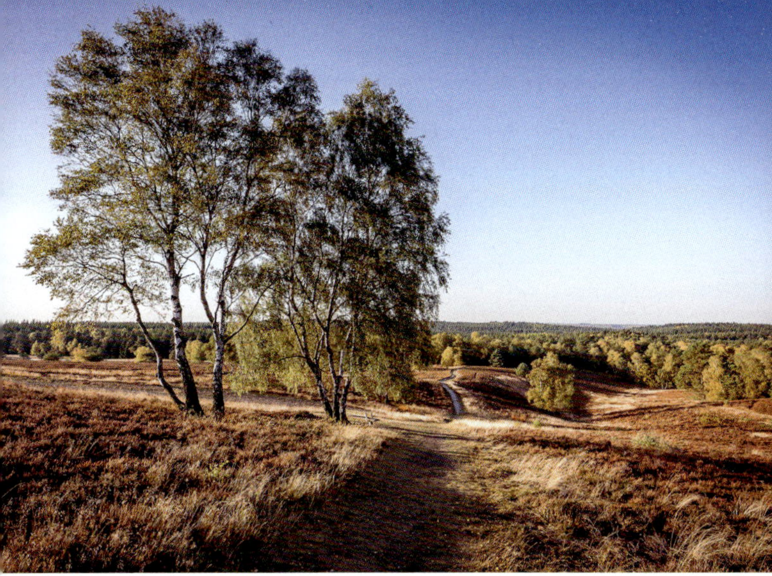

Im Herbst am Brunsberg © Lüneburger Heide GmbH

Deutschlands mit der höchsten Porsche-Dichte sein. Und mit der Heidebahn erreicht man immer noch bequem Hamburg und Hannover.

Hinter den Gleisen der Heidebahn folgen Sie dem Schild „Ferienheim Heideruh“ nach rechts. Auf dem Ahornweg, einem breiten Waldweg, stoßen Sie auf den querenden Heidschnuckenweg (km 6,8), der durch ein weißes „H“ auf schwarzem Grund gekennzeichnet ist. Sie folgen ihm nach links und wandern nun für die nächsten 6 km auf diesem hervorragend ausgeschilderten Wanderweg.

Nachdem Sie eine Kuppe überquert haben, kommen Sie zur Höllenschlucht ❹ (km 7,6). Am oberen Rand dieser kleinen Schlucht, die wahrscheinlich nur ein besonders tief ausgewaschener Hohlweg ist, gehen Sie nach rechts. Nach ca. 100 m steigen Sie links hinunter zum Grund der Schlucht und wenden sich dort nach rechts Richtung Brunsberg.

Dann verlassen Sie die Höllenschlucht wieder und gehen an einer Kreuzung (km 7,9) auf einem Waldweg geradeaus weiter. 400 m weiter erreichen Sie bei einer Bank unter einer alten Kiefer die Heideflächen am Brunsberg. Geradeaus ersteigen Sie den Brunsberg ❺ (km 8,7), auf dem Sie rasten und die Aussicht auf die umliegende Heidelandschaft genießen können.

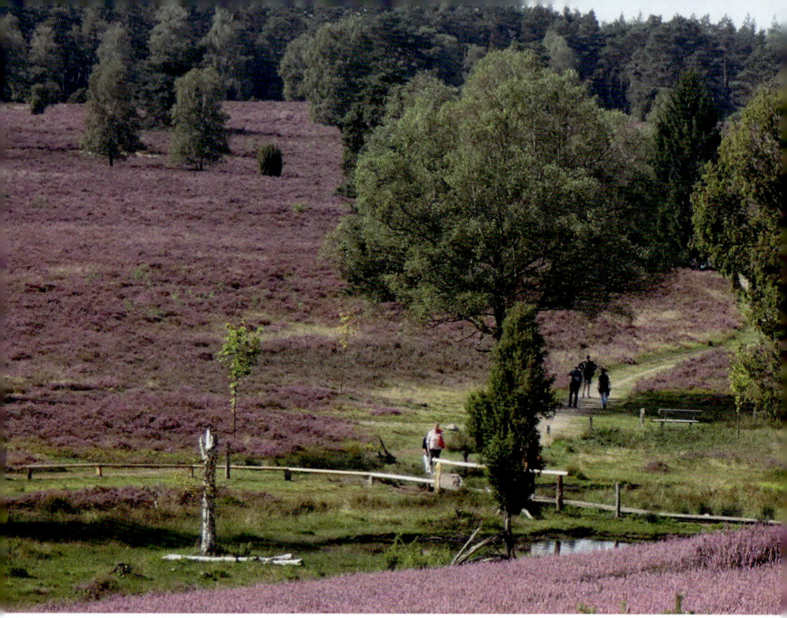

Knapp unterhalb des Pferdekopfes mit Blick Richtung Büsenbach

Brunsberg

Der 129 m hohe Brunsberg liegt inmitten der weiten Heidefläche des 61 ha großen Naturschutzgebietes Brunsberg im äußersten Nordwesten des Naturparks Lüneburger Heide. Vor 200.000 Jahren wären Sie an dieser Stelle von einer mehrere Hundert Meter hohen Gletscherwand überragt worden.

Der Brunsberg gehört zur Hohen Heide, einer Reihe von Endmoränen, die sich vom Brunsberg im Nordwesten über den Wilseder Berg und weiter in südöstlicher Richtung durch den Naturpark Lüneburger Heide zieht. Diese Endmoränen stammen aus der vorletzten Eiszeit, der Saale-Eiszeit, als sich Gletscher von Norden kommend bis genau hierher vorgearbeitet hatten. Das vom Brunsberg aus 2 km nordwestlich gelegene Buchholz und das 8 km östlich gelegene Jesteburg hätten damals unter einer dicken Eisschicht gelegen, während das 8 km südwestlich gelegene Tostedt zwar eisfrei gewesen, aber von kalten Gletscherfallwinden gebeutelt worden wäre.

Auf der Kuppe des Brunsberges wenden Sie sich nach links und wandern den Berg hinunter. Wenn Sie den Wald erreichen, gehen Sie leicht rechts, sodass der

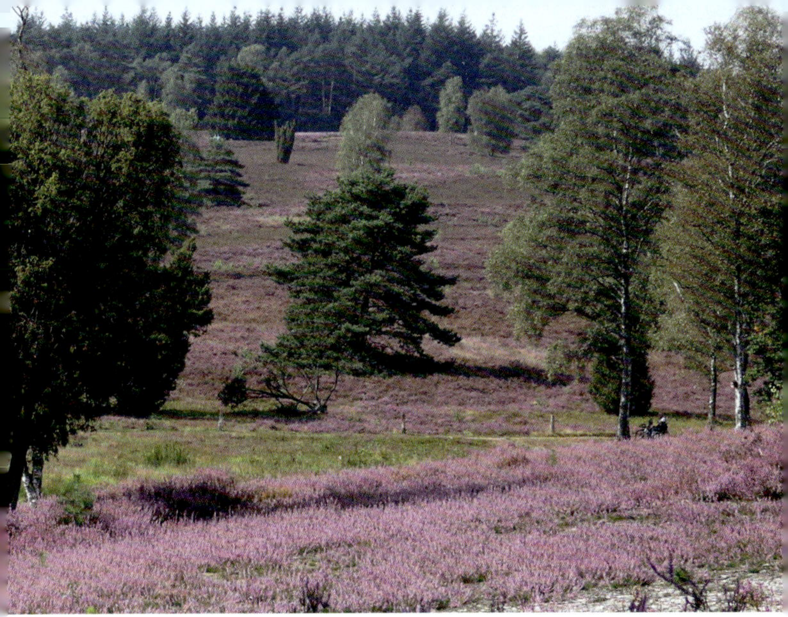

Wald auf Ihrer linken Seite liegt. Der gut gekennzeichnete Heidschnuckenweg führt Sie schließlich in den Wald hinein (km 9,3). Nach 600 m biegen Sie an einer Kreuzung rechts ab und gehen weiter leicht bergab.

Die Kreuzung 200 m weiter überqueren Sie geradeaus (km 10,1). Sie stoßen nach rund 500 m auf eine größere Straße, die K72, die Sie geradeaus überqueren. Kurz dahinter biegt der Weg nach links ab.

↳ Wenn Sie abkürzen und eher als geplant zum Ausgangspunkt zurückkehren möchten, dann ist hier eine gute Gelegenheit. Folgen Sie der K72 geradeaus durch Holm-Seppensen und Sie erreichen nach 1,4 km den Bahnhof.

Auf dem Wanderweg biegen Sie am Ortsschild von Holm-Seppensen rechts ab. Auf Ihrer linken Seite liegen jetzt Häuser und Sie gehen an einem Maschendrahtzaun entlang. Schließlich stoßen Sie auf einen Steg über ein kleines Flüsschen (km 12,1). Kurz davor biegen Sie links ab Richtung Büsenbachtal. Sie passieren ein Haus auf Ihrer linken Seite und steigen einen Hang hinauf, der sehr schön mit Heide und Birken bewachsen ist. Bei einigen Tischen und Bänken erreichen Sie

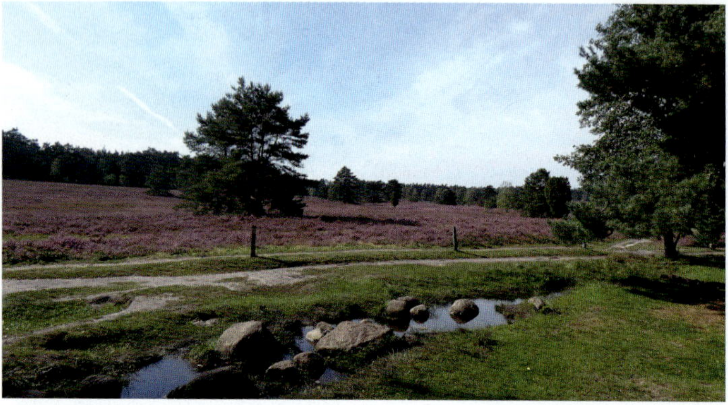

Der Büsenbach nah am Pferdekopf

den Pferdekopf ❻ (km 12,5, ☞ Tour 3, S. 31), der einen wunderschönen Blick auf die Heidelandschaft und den lieblichen Büsenbach bietet.

Sie überqueren erst den Pferdekopf geradeaus und dann auf einem kleinen Steg den Büsenbach (km 12,8). Hinter dem Steg biegen Sie nach links ab.

✎ Hier verlassen Sie den Heidschnuckenweg! Ab hier bitte nicht mehr dem „H" folgen. Der Rest dieses Wanderweges ist nicht mehr gekennzeichnet.

Sie spazieren nun am Bach entlang, der hier in trockeneren Jahren versickert ist, passieren eine zweite Brücke nebst Tisch und Bank und dann das Café Schafstall (km 13,6).

Café Schafstall, Am Büsenbach 35, 21256 Handeloh-Wörme, ☏ 041 87/10 72, www.cafeschafstall.de, ganzjährig Fr-So + Feiertage 11:00-22:00

100 m weiter finden Sie die Büsenbachschwinde ❼ P, wo der Büsenbach in feuchteren Jahren im Boden versickert (☞ Tour 3, S. 30).

An der Straße wenden Sie sich nach links, überqueren den (in feuchten Jahren) moorig-nassen Schwindenbereich und gehen dann im Wald immer an der Bahn entlang geradeaus auf dem Van der Smissenweg nach Holm-Seppensen. Dort, im Zentrum, gehen Sie nach rechts über die Bahnlinie (km 15,9) und zum Bahnhof, dem Anfangs- und Endpunkt dieser Wanderung.

③ Büsenbachschwinde und Pferdekopf

Spaziergang für Liebhaberinnen und Liebhaber von Natur und Heide

1,3 km vom Parkplatz an der Büsenbachschwinde entfernt erreichen Sie am Rand des Büsenbachtales eine Kuppe namens Pferdekopf, von der aus Sie einen wunderschönen Heideblick haben. Geografisch interessant ist die Büsenbachschwinde: Hier versickert der Büsenbach. Er kommt erst 400 m weiter östlich wieder zum Vorschein.

- Start/Ziel: Parkplatz Büsenbachschwinde, GPS N 53°16.151' E 009°51.385'
- 2,6 km
- 1 Std.
- 27 m/27 m
- 51-67 m
- Hinweisschild „Pferdekopf"
- überwiegend Feld- und Waldwege, Straße Am Büsenbach zwischen Café Schafstall und Büsenbachschwinde befestigt

Blick vom Pferdekopf

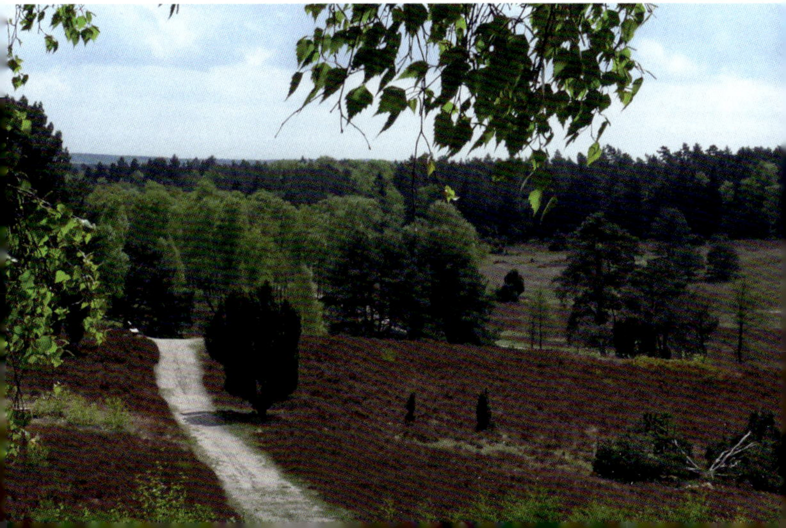

- Café Schafstall (km 0,1)
- mehrere Sitzbänke, Rastplatz am Pferdekopf mit besonders schöner Aussicht auf Heideflächen (km 1,3)
- kleiner Spaziergang mit flachem, ungefährlichem Wasserlauf
- Baumwurzeln verhindern streckenweise ein ruckelfreies Schieben.
- guter Untergrund, Trinkwasser verfügbar, kein Naturschutzgebiet
- P Parkplatz Büsenbachschwinde, Handeloher Str. 20, Handeloh-Wörme
- Bahnhof Büsenbachtal (ca. 100 m vom Parkplatz entfernt) mit regelmäßigen Verbindungen (Linie R41)

Sie können auf zwei Wegen zum Pferdekopf spazieren:

Der erste verläuft an der südlichen Seite der Büsenbachschwinde ❶ entlang am Büsenbach bachaufwärts, am Café Schafstall vorbei.

Café Schafstall, Am Büsenbach 35, 21256 Handeloh-Wörme, ☏ 041 87/10 72, www.cafeschafstall.de, ganzjährig Fr-So + Feiertage 11:00-22:00

Büsenbachschwinde

In feuchten Jahren finden Sie direkt am Parkplatz einen feuchten, moorigen Bereich, den man normalerweise für einen Quellbereich halten würde. Allerdings handelt es sich hier um das Gegenteil, um eine Schwinde, in der der Büsenbach im Untergrund versickert. Die Quelle des Büsenbaches liegt weiter bachaufwärts unterhalb des Pferdekopfes.

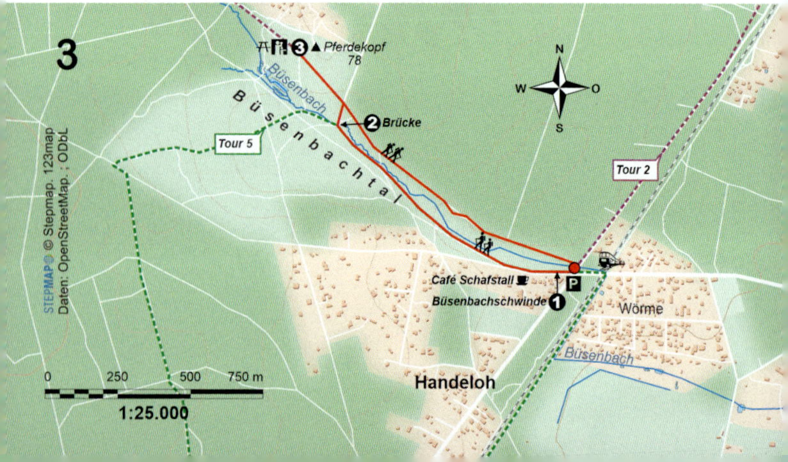

Von der Quelle bis zur Schwinde verhindern undurchlässige Schichten im Untergrund das Wasser am Versickern, sodass es oberirdisch fließen kann. Die undurchlässigen Schichten bestehen aus Ortstein, einem durch Eisen- und Manganoxid verkitteten und verfestigten Sandgemisch. Im Bereich der Schwinde wird der Ortstein durch lockeren Sand abgelöst und das Wasser versickert. Ungefähr 400 m weiter östlich hinter der Bahnlinie tritt das Büsenbachwasser dann wieder an die Oberfläche und fließt in die Seeve.

In trockenen Jahren fällt der Büsenbach schon weit vor seiner Schwinde trocken und der Schwindenbereich ist kaum mehr als solcher zu erkennen.

Nach knapp 1 km überqueren Sie den Büsenbach nach rechts auf einer kleinen Brücke ❷ und steigen auf den Pferdekopf hinauf.

Bei der zweiten Variante überqueren Sie erst den Büsenbach bzw. durchqueren das Schwindengebiet ❶ und gehen dann nach links auf einem gut befestigten Weg am Waldrand entlang zum Pferdekopf.

Auf dem Pferdekopf ❸ laden Bänke und Tische dazu ein, den schönen Ausblick ausgiebig zu genießen.

Pferdekopf

Vom 89 m hohen Pferdekopf haben Sie einen schönen Blick auf das ca. 50 ha große Heidegebiet am Büsenbach mit der im August bis September violett-rosa blühenden Besenheide, Kiefern, Birken und malerischen Wacholdergruppen. Doch diese schöne Vegetationsform zu bewahren, ist mühsam und arbeitsintensiv, denn im Schatten von Birken und Kiefern verkümmert die Heide. Sie würde ohne menschliches Zutun von einem Birken-Kiefern-Wald verdrängt werden. Im Jahr 1905 schrieb deshalb ein Herr Linde: „Schwerlich wird in 20 Jahren noch ein Rest dieser besonderen Heideschönheit zu finden sein. Nur die lebende Generation vermag sich an ihr zu erfreuen.“ Herr Linde war glücklicherweise etwas zu pessimistisch. Denn dank der Anfang des 20. Jahrhunderts entstandenen Naturschutzbewegung und der nicht enden wollenden Anstrengungen des Vereins Naturschutzpark und vieler Freiwilliger genießen Sie auch heute noch diesen schönen Heideblick!

Zurück haben Sie wieder die Wahl, auf welchem der beiden Wege Sie zurückgehen möchten.

4 Planetenlehrpfad in Handeloh

Spaziergang für Familien durch das Sonnensystem

Möchten Sie die Dimensionen unseres Sonnensystems sich selbst und Ihren Kindern verdeutlichen? Dann spazieren Sie auf dem Planetenweg von der Sonne zu den Planeten. Mit jedem Meter auf diesem Weg legen Sie 5 Mio. Kilometer im Weltall zurück. Und trotz dieser Riesenschritte brauchen Sie bis zum Neptun, dem äußersten Planeten unseres Sonnensystems, 900 m. Tafeln am Wegesrand informieren ausführlich über unsere Planeten. Und hinter dem Neptun liegt eine schöne Heidefläche.

Start/Ziel: Parkplatz Planetenweg, GPS N 53°14.677' E 009°49.998'
2 km
1 Std. 30 Min.
13 m/13 m
58-65 m
keine
befestigter Weg (Beton)

Planeten

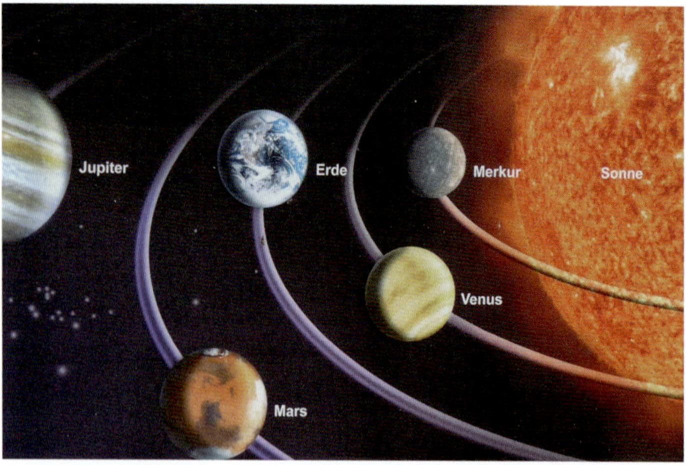

- keine
- Sitzbank und Tisch (km 0,7 und km 1)
- Spaziergang mit vielen Anregungen zu Frage und Antwort
- einfach mit Buggys befahrbar
- Betonuntergrund, aber durch die kurze Distanz kein Problem
- P Parkplatz Planetenweg, (ca.) Hauptstraße 6, Handeloh, Buchholz

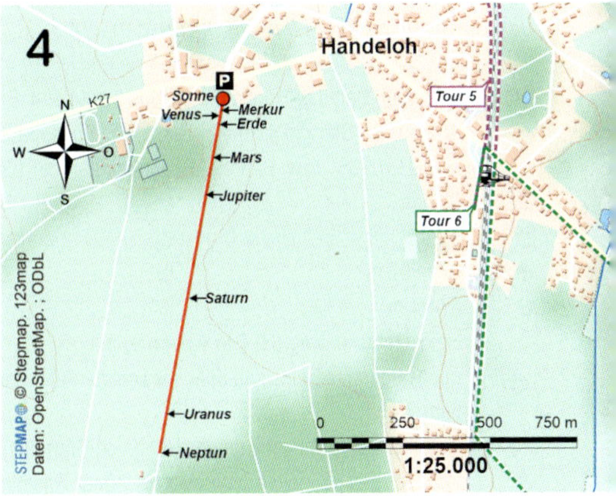

Auf dem Planetenlehrpfad des Arbeitskreises Astronomie Handeloh (www.astronomie-handeloh.de) benötigen Sie nur einen kleinen Sonntagnachmittagsspaziergang, um zu den Planeten unseres Sonnensystems zu reisen. Die Reise beginnt kurz hinter dem P Parkplatz für irdische Raumgleiter am Zentralgestirn des Sonnensystems.

Die Reise können Sie über die Internetseite des Arbeitskreises ausgiebig vor- und nachbereiten und sich sogar ein Faltblatt für unterwegs ausdrucken. Außerdem bieten die am Weg aufgestellten Tafeln eine Vielzahl von interessanten Informationen. Aus diesem Grunde sollen hier nur die allerwichtigsten Reisestationen genannt werden:

0,0 m:	Sonne (280 mm bzw. 1.392.000 km Durchmesser)
11,6 m:	Merkur (1 mm/4.878 km Durchmesser)
21,6 m:	Venus (2,4 mm/12.104 km Durchmesser)
29,9 m:	Erde (2,6 mm/12.756 km Durchmesser)
45,6 m:	Mars (1,4 mm/6.794 km Durchmesser)
156,0 m:	Jupiter (29 mm/142.769 km Durchmesser)
286,0 m:	Saturn (24 mm/120.000 km Durchmesser)
577,0 m:	Uranus (10 mm/51.118 km Durchmesser)
902,0 m:	Neptun (10 mm/49.424 km Durchmesser)

5 Rundweg um Handeloh mit Büsenbachschwinde und Heideflächen im Büsenbachtal

Wanderung für Naturliebhaberinnen und Naturliebhaber

Die einfache Wanderung führt Sie rund um den Heideort Handeloh. Sie wandern durch Wälder, Felder und Wiesen, besuchen die Büsenbachschwinde und erkunden die schönen Heideflächen im Büsenbachtal.

Start/Ziel: Bahnhof Handeloh, GPS N 53°14.504' E 009°50.677'.
Alternative Startmöglichkeit: Parkplatz Büsenbachschwinde, GPS N 53°16.151' E 009°51.385', bzw. Bahnhof Büsenbachtal (ca. 100 m vom Parkplatz entfernt)

9,6 km

3 Std.

97 m/97 m

47-94 m

Heidschnuckenweg (H) (km 4,5-km 9,4)

überwiegend unbefestigte oder verdichtete Feld- und Waldwege, in Ortslagen befestigte Wege

Hotel Restaurant Fuchs (in der Nähe von Start/Ziel), Café Schafstall (km 3,7)

viele Sitzgelegenheiten unterwegs, schöner Rastplatz mit Heideblick (km 5,3)

keine Besonderheiten

ab und zu sandig, einige Baumwurzeln auf dem Weg

wenige Trinkmöglichkeiten

Parken am Bahnhof Handeloh, Bahnhofstraße, Handeloh; Parkplatz Büsenbachschwinde, Handeloher Str. 20, Handeloh-Wörme

Bahnhof Handeloh und Bahnhof Büsenbachtal mit regelmäßigen Verbindungen, Linie R41

Die Wanderung beginnt am Bahnhof in Handeloh. Von hier aus gehen Sie auf der Bahnhofstraße zur Hauptstraße, dort nach rechts über die Gleise hinüber und dann in den nächsten Weg links, den Fuhrenkamp.

Nach der Gleisquerung weiter geradeaus liegt das Hotel-Restaurant Fuchs.

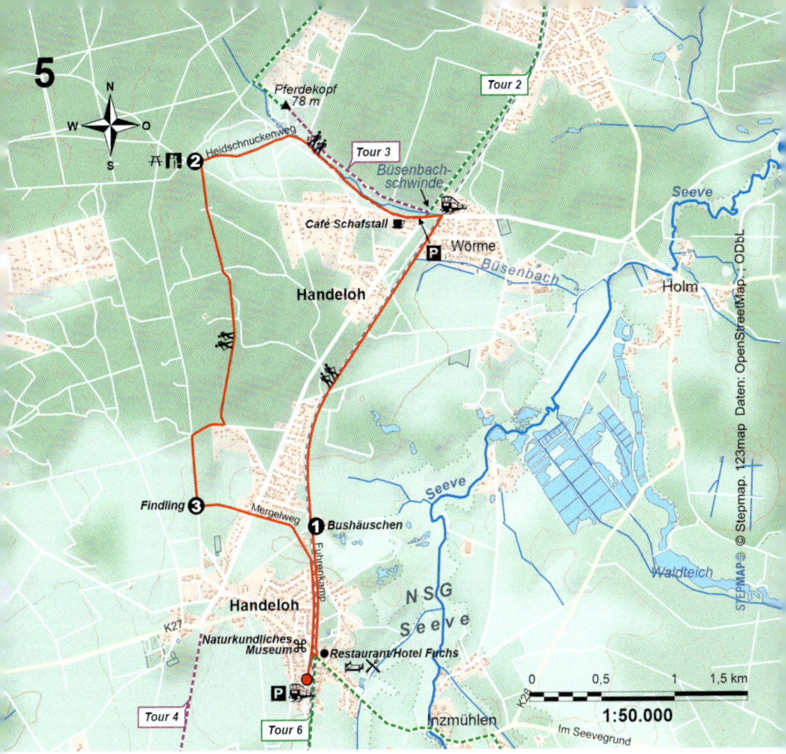

Hotel-Restaurant Fuchs, Hauptstraße 35, 21256 Handeloh, ☏ 041 88/414, hotel-fuchs@t-online.de, www.hotel-restaurant-fuchs.de, Di ab 17:00, Mi-So ab 11:30 (11:30-14:30 Mittagskarte, 17:00-21:00 Abendkarte)

An einem Bushäuschen ❶ (km 1) macht der Fuhrenkamp eine Kurve nach rechts. Sie wandern entlang der Bahnlinie weiter geradeaus.

Beim Bahnübergang km 125,09 (km 3,4) kurz vor dem Bahnhof Büsenbachtal überqueren Sie die Bahnlinie nach links und erreichen die Büsenbachschwinde (☞ Tour 3, S. 30).

Sie können die Wanderung auch am Bahnhof Büsenbachtal beginnen und am Bahnhof Handeloh beenden. Die Tour ist dann statt 9,6 km nur noch 6,2 km lang.

Am ✕ ☕ Café Schafstall (km 3,7) vorbei spazieren Sie am Büsenbach aufwärts bis zum zweiten Steg (km 4,5).

✕ ☕ **Café Schafstall**, Am Büsenbach 35, 21256 Handeloh-Wörme, ☏ 041 87/10 72, 💻 www.cafeschafstall.de, 🚪 ganzjährig Fr-So + Feiertage 11:00-22:00

✎ Hier stoßen Sie auf den Heidschnuckenweg (H), dem Sie bis kurz vor dem Bahnhof Handeloh folgen.

Sie steigen nach links einen Hang hinauf, der sehr schön mit Heide und Birken bewachsen ist. Dann erreichen Sie einen Rastplatz ❷ (km 5,3) mit Tischen und Bänken und einem wunderschönen Blick auf die Heidefläche, die Sie gerade durchquert haben. Sie wenden sich am Rastplatz nach links und wandern kurz darauf nach rechts in einen Birken-Kiefern-Wald hinein.

Rast im Wald

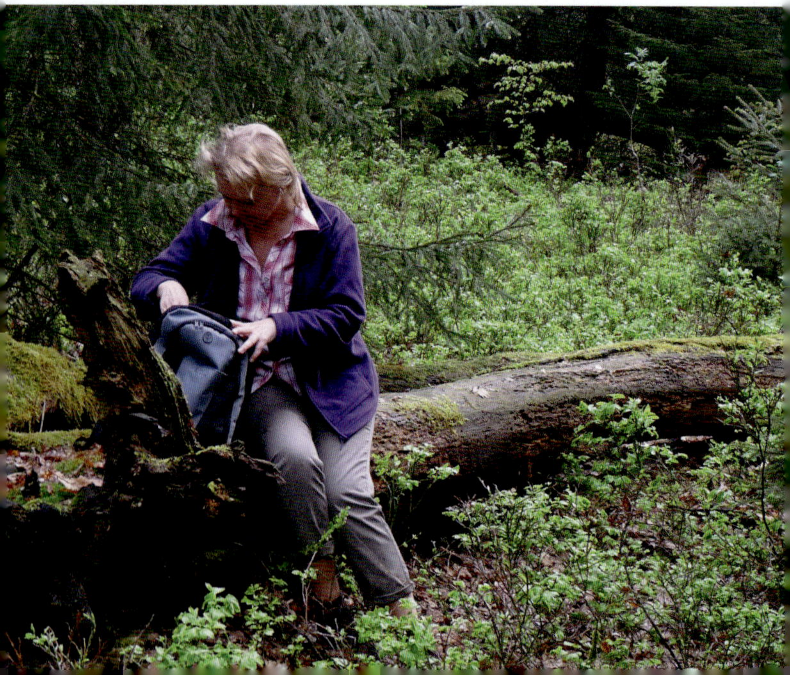

Nach 800 m Waldweg stoßen Sie auf eine Kreuzung mit drei Wegen. Wenn Sie auf die Kreuzung gehen, sehen Sie links das H-Schild, das Ihnen den Weg weist und Sie an einem Brunnenschutzgebiet (km 6,2) vorbeischickt. 1 km weiter stoßen Sie auf eine T-Kreuzung mit Haus davor. Hier gehen Sie nach rechts und biegen ca. 200 m weiter an einer Kreuzung nach links ab.

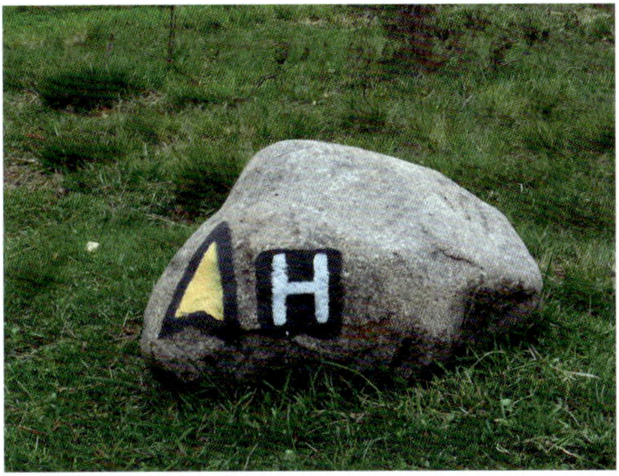

Findling mit Wanderwegmarkierung

Sie wandern auf einem Weg aus feinem Schotter, bis Sie am linken Wegrand einen kleinen Findling mit einer Wanderwegmarkierung ❸ finden (km 7,8), an dem Sie nach links abbiegen. Sie überqueren auf dem Mergelweg geradeaus eine Straße (km 8,2). Links befinden sich Häuser, rechts Wiese. Vom Mergelweg wechseln Sie schließlich auf einen kleinen Pfad (km 9), der Sie entlang der Bahnlinie zurück zum Bahnhof von Handeloh (km 9,6) führt.

6 Rundweg südlich von Handeloh durchs Seevetal

Wanderung für Naturliebhaberinnen und Naturliebhaber

Die kurze Wanderung führt Sie südlich von Handeloh durch das schöne Seevetal und durch Felder und Wälder wieder zurück nach Handeloh.

- Start/Ziel: Bahnhof Handeloh, GPS N 53°14.504' E 009°50.677'
- 8,7 km
- 3 Std.
- 60 m/60 m
- 42-60 m
- Heidschnuckenweg (H) (km 0-km 5,4), gelber Pfeil mit schwarzem Rand (km 5,4-km 8,7)
- meist unbefestigte oder verdichtete Feld- und Waldwege, manchmal sehr sandig, in den Ortslagen von Handeloh und Inzmühlen auch längere Strecken befestigte Wege
- Hotel-Restaurant Fuchs (in der Nähe von Start/Ziel)
- viele Bänke zum Ausruhen
- keine Besonderheiten
- keine besonderen Hindernisse, aber mehrfach sandige oder mit Gras bewachsene Wegabschnitte
- zum größten Teil Leinenpflicht wegen des Naturschutzgebietes
- Parken am Bahnhof Handeloh, Bahnhofstraße, Handeloh
- Bahnhof Handeloh, Linie R41

Die Wanderung beginnt am Bahnhof in Handeloh. Von hier aus gehen Sie auf der Bahnhofstraße zur Hauptstraße und dort nach rechts über die Bahnlinie hinüber.

Nach der Gleisquerung weiter geradeaus liegt das Hotel-Restaurant Fuchs.

Hotel-Restaurant Fuchs, Hauptstraße 35, 21256 Handeloh, ☎ 041 88/414, hotel-fuchs@t-online.de, www.hotel-restaurant-fuchs.de, Di ab 17:00, Mi-So ab 11:30 (11:30-14:30 Mittagskarte, 17:00-21:00 Abendkarte)

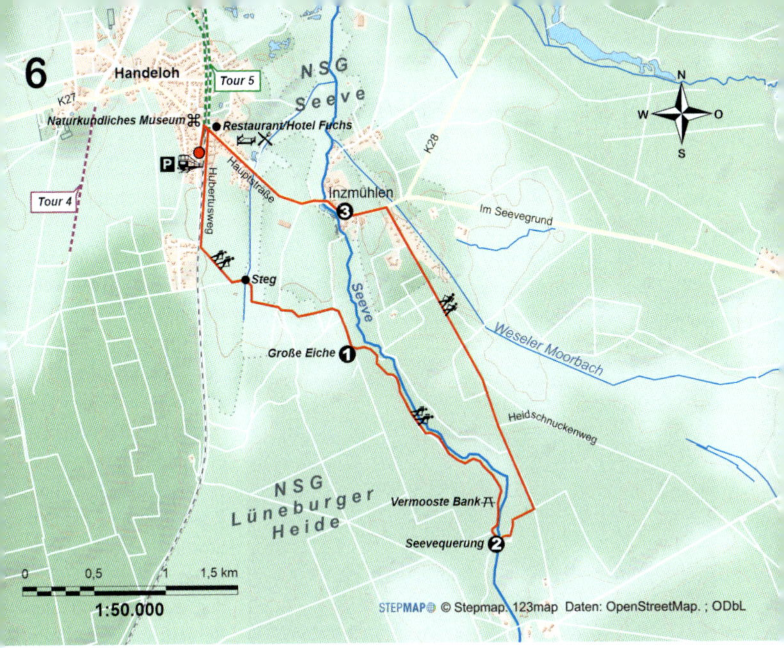

Hinter dem Bahnübergang gehen Sie nach rechts den Hubertusweg an der Bahn entlang (Richtung Seevetal). 1 km nach dem Start knickt der Weg nach links ab. An Wiesen und Feldern vorbei kommen Sie an eine Kreuzung (km 1,3), an der Sie sich über einen Steg nach links Richtung Heidbrake orientieren. Nach 150 m passieren Sie einen Unterstand und erreichen eine Kreuzung (km 1,8). Sie wandern geradeaus auf einem Sandweg weiter. Zu Ihrer Rechten liegt jetzt ein Heidegebiet, zu Ihrer Linken Wald.

Bei einem Wegweiser mit dem Hinweis „Seevetal 0,4 km" (km 2,2) gehen Sie geradeaus in den Wald hinein und verlassen dann den Weg bei einer besonders dicken Eiche ❶ (km 2,4) nach links auf einen Pfad.

Dieser Pfad führt Sie an der Seeve entlang. Links plätschert der Fluss, der Pfad ist durch den weichen Untergrund gut zu gehen, der Wald bietet Schatten und in der Krautschicht verstecken sich viele Heidelbeeren. Schließlich kommen Sie zu einer herrlich vermoosten Bank mit einem Tisch, auf dem Pilze wachsen (km 4,1). 200 m dahinter finden Sie einen Unterstand. Und noch einmal 100 m weiter überqueren Sie die Seeve ❷ (Richtung Wesel) nach links (km 4,4).

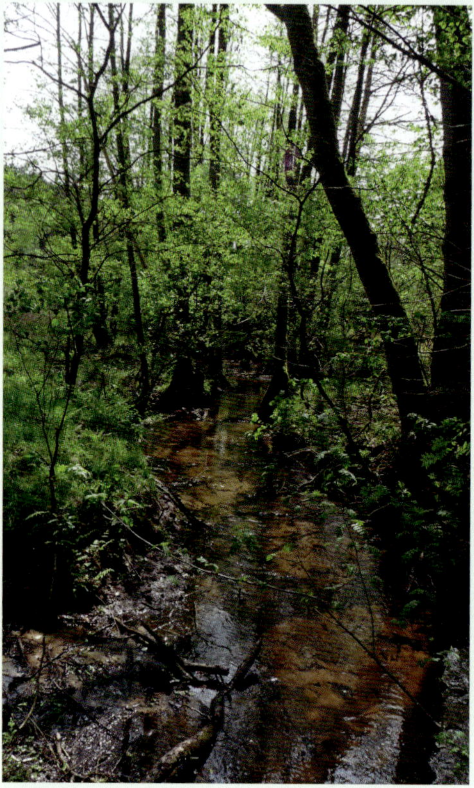

Seeve

Seeve

Die Seeve entspringt zwischen Handeloh und Undeloh und mündet nach 40 km in die Elbe. Heidebäche wie die Seeve mit ihrem klaren, kühlen und sauerstoffreichen Wasser sind besonders schützenswerte Lebensräume. Mit ihrem mäandrierenden Lauf, dem Wechsel von Gleit- und Prallhang, ihren durch Strudel erzeugten Vertiefungen im Flusslauf, den Kolken, und der Beschattung durch Ufervegetation ist die Seeve ein typischer naturnaher, sommerkalter Geestbach. Ihre Durchschnittstemperatur von nur 6-8° C macht sie sogar zu Norddeutschlands kältestem Fluss.

Sie wandern durch einen schönen Erlenbruchwald, verlassen die Seeveniederung und biegen nach links Richtung Inzmühlen (km 4,8) auf einen sandigen Forstweg ab. Bei einer neuen Bank bei einem Reitweg (km 5,4) biegt der Heidschnuckenweg nach rechts ab.

✎ Ab hier folgen Sie nicht mehr dem Heidschnuckenweg, sondern gehen geradeaus weiter.

200 m weiter liegt rechts eine Heidefläche. Sie wandern geradeaus auf einem Fahrradweg, der sich rechts an einem Waldweg entlangzieht.

✎ Bis zum Bahnhof in Handeloh folgen Sie nun dem gelben Pfeil mit schwarzem Rand.

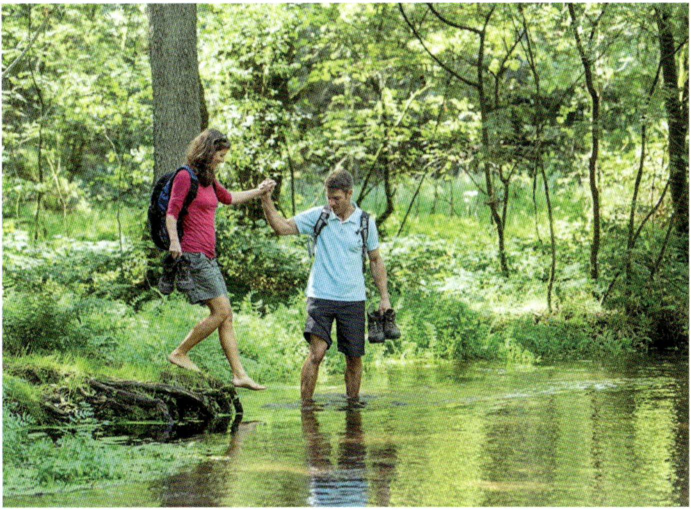

Seeve bei Inzmühlen © Lüneburger Heide GmbH

Der Weg geht in einen Teerweg über (km 6,3), rechts liegen ein paar Häuschen. Sie stoßen auf die Hauptstraße namens Im Seevegrund (km 7). Ohne die Straße zu überqueren, folgen Sie auf einem Fahrradweg dem gelben Pfeil nach links Richtung Handeloh. Hinter Inzmühlen ❸ erreichen Sie schließlich wieder den Bahnübergang (km 8,5) und den Bahnhof von Handeloh (km 8,7).

7 Töps-Heide und Weseler Heide

Wanderung für Liebhaberinnen und Liebhaber von Natur und Heide

Vom schönen Heideort Hanstedt aus erkunden Sie auf dieser Wanderung zwei große Heideflächen, die Töps-Heide und die Weseler Heide. Besonders zur Blütezeit sind diese beiden Heideflächen mit ihren weißen Wegen, den Birken, dem Bienengesumm und der blühenden Heide ein Traum, zumal sie auch in der Hochsaison von August bis September nicht überlaufen sind.

Start/Ziel: Tourist-Info Hanstedt, Am Steinberg 2, Hanstedt, GPS N 53°15.450' E 010°0.740'

18,3 km

5 Std. 30 Min.

226 m/226 m

40-135 m

Nordic-Walking-Weg 3L (km 0-km 3,2), Nordic-Walking-Weg 1S (km 3,2-km 7,6), Heidschnuckenweg (H) (km 11,1-km 12)

fast nur unbefestigte oder verdichtete Feld- und Waldwege, manchmal sehr sandig, in der Ortslage von Hanstedt befestigte Wege

viele Einkehrmöglichkeiten am Start/Ziel in Hanstedt

viele Bänke zum Ausruhen, Wanderparkplatz mit Bank und Tisch (km 2,4), Bank mit schöner Aussicht (km 4,8), Rastplatz mit Tischen und Bänken (km 7,6), Unterstand Jakobihütte (km 9,8), Unterstand mit schönem Blick ins Tal (km 11,7), Unterstand, Bänke und Tische (km 13,5)

Waldbad (ca. km 16,1)

keine Besonderheiten

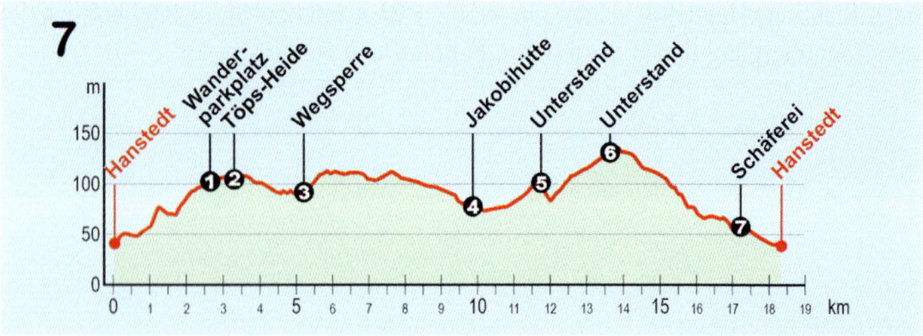

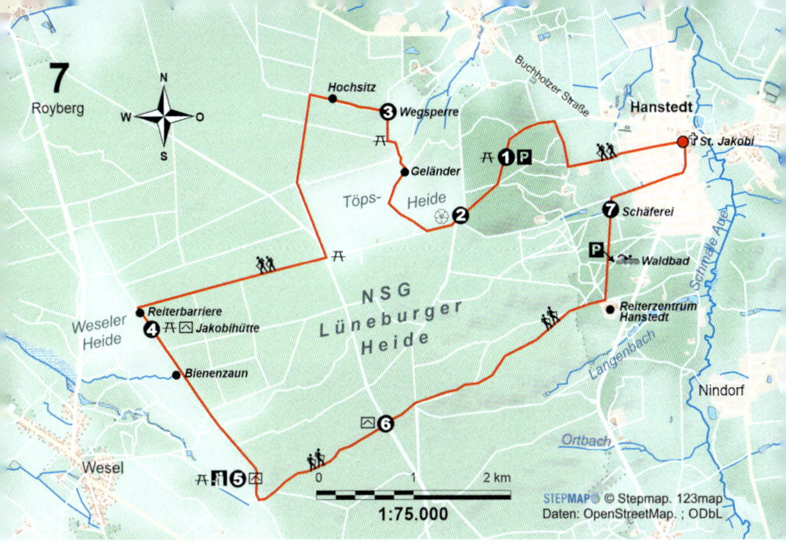

mehrfach sandig, bei km 4,6 steiler und sehr schmaler Anstieg, km 5,1-km 5,9 grasbewachsen

Leinenpflicht im Naturschutzgebiet, kein Trinkwasser

P Im Bereich der Tourist-Info in Hanstedt (km 0) gibt es zwar keinen ausgewiesenen Wanderparkplatz, aber ausreichend Parkmöglichkeiten am Straßenrand. Einen Wanderparkplatz gibt es bei km 2,4 (GPS N 53°15.352' E 009°59.120').

Von der Tourist-Info in Hanstedt aus folgen Sie den ersten 3,2 km dem Nordic-Walking-Weg 3L. Zunächst wandern Sie die Straße Am Steinberg hinauf, die geradeaus in den Henry-Gundlach-Weg übergeht. Kurz hinter der Abzweigung zum Café Augustenhöh (geschlossen, km 1,2) lenkt Sie der Weg nach rechts.

Sie wandern am Waldrand entlang und blicken über Hanstedt. Dann stoßen Sie auf einen gepflasterten Weg (km 1,7), dem Sie bergan nach links folgen. Nach 700 m taucht auf der linken Seite ein P Wanderparkplatz ❶ auf (km 2,4). 300 m weiter geht nach rechts der Galgenstieg ab. Hier folgen Sie weiter dem breiten Waldweg geradeaus. Sie wandern ins Naturschutzgebiet hinein und erreichen die Töps-Heide ❷. Geradeaus gehen Sie am Waldrand entlang bis zu einer Wegspinne (km 3,2).

Hier verlassen Sie den Nordic-Walking-Weg 3L (der nach links abgeht) und folgen weiter dem Nordic-Walking-Weg 1S geradeaus.

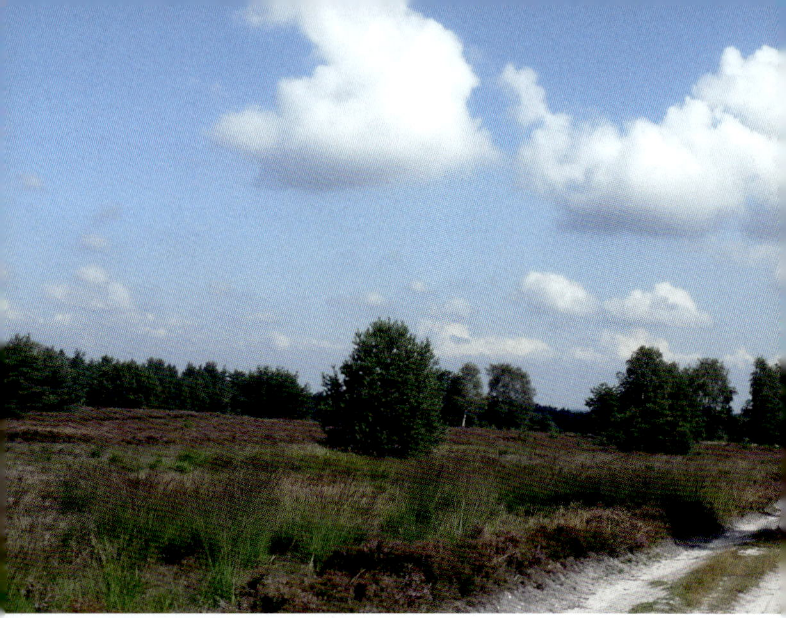

In der Töps-Heide

Weiter geht es mit schönem Blick auf die rechts gelegene ❀ Töps-Heide am Waldrand entlang.

300 m hinter der Wegspinne biegen Sie nach rechts von dem breiten Weg ab (Schild „Nordic-Walking-Weg 1S“ und Wegweiser Richtung Dierkshausen) und wandern auf einem kleinen Pfad mitten durch die Heide.

☺ Die in der Einleitung angesprochene traumhafte Heidelandschaft mit den weißen Wegen und Birken finden Sie ganz besonders hier auf diesem Wegstück.

Heidekraut

Die Pflanze, die hier so schön blüht und wächst, ist nicht die viel besungene Glockenheide, die Erika, sondern die Besenheide, *Calluna vulgaris*. Der Begriff „Besenheide“ passt gut, denn wenn man die kleinen Sträucher geschickt zusammenbindet, kann man damit prima fegen. Meist verwendet man im Gespräch aber den Begriff Heidekraut. Und der passt scheinbar gar nicht zur Besenheide, denn sie ist botanisch gesehen ein kleiner Strauch mit holzigem Stiel. Ein „Kraut“ besitzt dagegen gerade keinen holzigen Stängel. Aber der Begriff „Heidekraut“

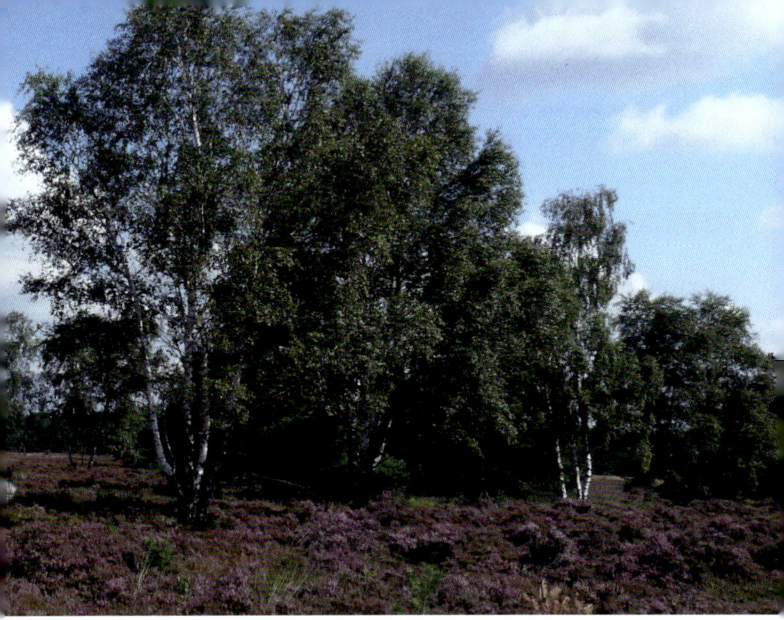

ist natürlich älter als die Botaniker, die dem Begriff „Kraut" eine holzfreie Definition gaben. Der Begriff stammt ursprünglich vom niederdeutschen „krut" ab und damit bezeichnete man eine mehr oder weniger nutzbare Pflanze. Und so ist „Heidekraut" doch eine korrekte Bezeichnung.

Sie erreichen eine Art Geländer (km 4,4) links und rechts des Weges. Hier laufen Sie nach links ins Tal hinunter (km 4,6), wo Sie nach links Richtung Wesel weiterwandern und dann wieder bergauf dem Nordic-Walking-Weg 1S folgen.

Am Waldrand (km 4,8) wenden Sie sich nach rechts und erreichen eine Bank mit schöner Aussicht nebst Findling, auf dem die orakelhafte Inschrift „Heute" prangt. Von hier aus durchqueren Sie ein Tal. Wieder oben auf der Hangschulter angekommen biegen Sie nach links in den Wald hinein ab. Die Sperre ❸ über den Weg soll Personen mit Rad und Pferd abhalten; Fußgängerinnen und Fußgänger sind auf dem offiziellen Nordic-Walking-Weg 1S unterwegs. Bei einem Hochsitz mitten auf einer Waldwegekreuzung (km 5,7) gehen Sie geradeaus weiter. 200 m weiter haben Sie den Fichtenwald durchquert und stoßen auf einen guten Waldweg (km 5,9), dem Sie nach links folgen. Immer geradeaus erreichen Sie eine große Kreuzung mit ⛼ Tischen und Bänken (km 7,6), an der Sie sich nach rechts Richtung Wesel wenden.

✎ Der Nordic-Walking-Weg 1S biegt hier nach links ab. Für die nächsten 3,4 km wandern Sie ohne Wegzeichen.

Feuerstein

Wo in der Lüneburger Heide der Boden vegetationsfrei ist, werden Sie sehr wahrscheinlich bunte Steine mit weißer Rinde finden: Feuersteine, das Werkzeugmaterial der Steinzeit. Die Feuersteine, die Sie hier finden, entstanden aus den Skeletten von Kieselalgen und Kieselschwämmen, die sich in einem kreidezeitlichen Schelfmeer im Bereich der heutigen Ostsee und Südschwedens ablagerten. Von dort wurden sie Millionen Jahre später durch das Vorrücken der eiszeitlichen Gletscher hierher in die Heide transportiert. Manchmal finden Sie auch Feuersteine mit Löchern, sogenannte Hühnergötter. Solche Steine schützen Ihr Hausgeflügel vor Schaden (falls Sie an slawische Gottheiten glauben).

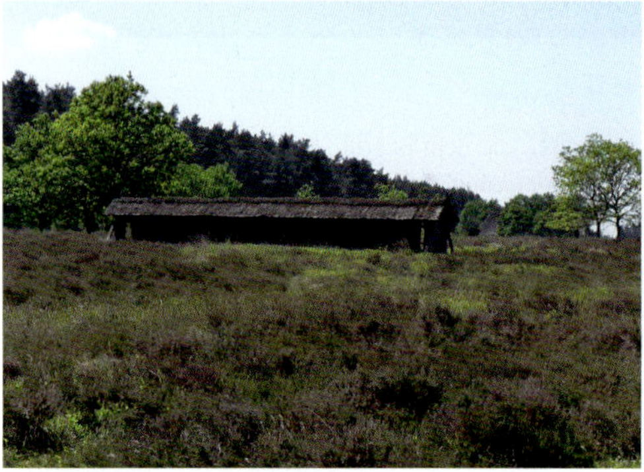

Bienenzaun in der Töps-Heide

Nach genau 2 km immer geradeaus treffen Sie auf eine Kreuzung am Rand der Weseler Heide (km 9,6). Hier müssen Sie nach links gehen und die Reiterbarriere unterqueren. Sie wandern nun am Waldrand entlang und blicken nach rechts auf die schöne ✿ Weseler Heide. 200 m hinter der Kreuzung erreichen Sie die ⌂ Jakobihütte ❹ und kurz darauf einen Bienenzaun. Schilder informieren über die Bienenzucht, die Findlinge in der Heide und die Heidschnucken.

100 m hinter dem Heidschnuckenschild treffen Sie auf den Heidschnuckenweg, der mit „H“ gekennzeichnet ist. Bei km 11,7 finden Sie einen neuen ⌂ Unterstand ❺ mit schönem Blick ins Tal. Sie steigen hinab ins Tal (km 11,9).

Den Heidschnuckenweg verlassen Sie hier wieder und gehen dann nach links leicht bergan in den lichten Kiefern-Birken-Wald hinein.

Nach Unterqueren einer Reitersperre stoßen Sie auf eine Kreuzung (km 13,5) mit einem kleinen ⌂ Unterstand ❻ mit Bänken und Tischen. Sie folgen dem Wegweiser „Hanstedt" geradeaus. 400 m weiter finden Sie einen Findling, von dem aus die nächstgelegenen Orte in jeder Richtung 4 km entfernt sind. Es geht immer weiter geradeaus und bergab bis zum Reiterzentrum Hanstedt (km 16,1). Hier biegen Sie auf einen Teerweg nach links zum „Waldbad hin ab, dessen Parkplatz Sie nach 400 m erreichen.

Waldbad Hanstedt, Waldweg zum Bad 2, 21271 Hanstedt, ☏ 041 84/71 31, https://www.hanstedt.de/info/poi/waldbad-hanstedt-5000474-20130.html, Mo geschlossen, Di 7:30-19:00, Mi 9:00-20:00, Do 7:30-20:00, Fr 9:00-20:00, Sa 8:00-20:00, So 8:00-19:00, Einlass bis 45 Min. vor Ende der Öffnungszeit, Badeschluss 15 Min. vor Ende der Öffnungszeit. Bei schlechtem Wetter können die Öffnungszeiten geändert werden.

Sie nehmen den Weg geradeaus ins Wasserschutzgebiet hinein.

200 m weiter beginnt eine „Jahresbaumallee". Hier wurden verschiedene Baumarten gepflanzt. Baumart und Jahr der Anpflanzung können Sie kleinen Schildchen entnehmen.

Sie gehen geradeaus an der Hanstedter Schäferei ❼ vorbei bis zu einer T-Kreuzung (km 17,2). Hier biegen Sie nach rechts ab und kommen nach Hanstedt hinein (km 17,4). Auf der Hauptstraße, der Ollsener Straße, gehen Sie nach links bis zur St.-Jakobi-Kirche und zum Start- und Zielort (km 18,3).

✞ St. Jakobi in Hanstedt

St. Jakobi in Hanstedt ist ein schönes Beispiel für eine weltumspannende Modewelle der Architektur, den Historismus des 19. Jahrhunderts. In dieser Zeit orientierte man sich gerne an vergangenen Zeiten und verwendete alte Stilelemente. St. Jakobi erinnert an die norddeutsche Backsteingotik, auch wenn sie erst in den Jahren 1881 und 1882 erbaut wurde. Ihr Baustil heißt daher „Neugotik". Der Bauplan für die Kirche wurde vom Architekten Wagner aus Winsen an der Luhe entworfen und vom Konsistorialrat der hannoverschen Landeskirche, Wilhelm Hase, genehmigt. Hase hatte eine so große Vorliebe für die historischen Stile, dass seine Bauten etwas spöttisch auch als „Hasik" bezeichnet werden.

8 Rundweg bei Egestorf mit Birkenbank und Auberg

Kurze Wanderung für Liebhaberinnen und Liebhaber von Heide und Natur

Dieser kurze Rundweg durch Feld, Wald und Wiese führt Sie zu den zwei kleinen, aber malerischen Heideflächen an der Birkenbank und am Auberg und außerdem zur großen Heidefläche bei Sudermühlen.

- Start/Ziel: St.-Stephanus-Kirche in Egestorf mit einigen Stellplätzen, GPS N53° 11.573' E10° 03.765'
- 6,9 km
- 2 Std. 15 Min.
- 108 m/108 m
- 53-110 m
- Nordic Walking 9L
- fast nur Feld- und Waldwege, teils sandig, oder Pfade entlang von befestigten Straßen, in der Ortslage von Egestorf befestigte Wege
- Hotel Restaurant Hof Sudermühlen (km 2,4) sowie im Start- und Zielort Egestorf
- viele Bänke zum Ausruhen, insbesondere auf den Heideflächen Birkenbank (km 0,9-km 1,1), Sudermühlen (km 2,6-km 3,1) und Auberg (km 5,4)
- keine Besonderheiten
- mehrfach sandige Wegstrecke, Bohlenweg zur Überquerung von Schmaler Aue und Erlenbruchwald
- Leinenpflicht im Naturschutzgebiet (km 0,8-km 5,7)
- P am Start/Ziel

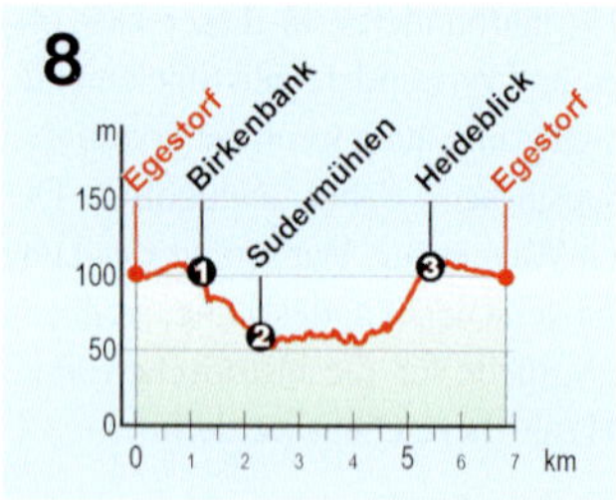

Auf dem Vorplatz der St.-Stephanus-Kirche (☞ **St.-Stephanus-Kirche**, S. 57) finden Sie eine Büste von Wilhelm Bode (☞ **Wilhelm Bode**, S. 57), der von 1886 bis 1923 Pastor in Egestorf war. Er war einer der ersten und wichtigsten Pioniere für die Erhaltung der Heideflächen. Von hier aus gehen Sie auf dem Sudermühler Weg zum Ortsausgang (km 0,4). Dort fol-

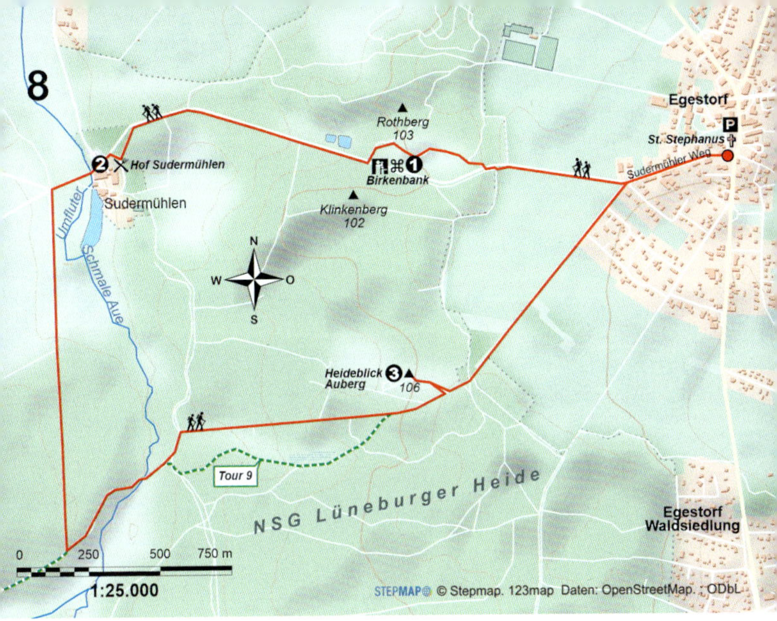

gen Sie an der Bank dem rechten Weg Richtung Birkenbank und Sudermühlen. Das Schild für den Nordic-Walking-Weg 9L, das ebenfalls in diese Richtung weist, wird Sie auf dem gesamten Weg leiten.

Sie gehen auf einem Fußweg links der Straße bis zum Waldrand (km 0,8) und geradeaus in den Wald hinein. 40 m weiter biegen Sie nach rechts ab, überqueren die Teerstraße und folgen dem Pfad Kantor-Schulz-Weg in die Heidefläche an der Birkenbank.

Rotbuche

Links des Weges steht eine dicke Rotbuche. Bäume sind bei uns allgegenwärtig (etwa ein Drittel der Fläche Deutschlands ist mit Wald bedeckt), aber trotz aller Normalität ist ein einzelner Baum wie diese Rotbuche ein eindrucksvolles Lebewesen:

Sie wird 45 m hoch, produziert jedes Jahr rund 200.000 Blätter, die bis zu 400 l Wasser pro Tag verdunsten und im Herbst einen Laubfall von knapp 1 kg pro m^2 erzeugen. Täglich verbraucht sie 6 kg Kohlendioxid und erzeugt dafür rund 5 kg Sauerstoff. Die Blätter filtern mit ihrer großen Oberfläche Staub aus der Luft, sodass Wälder äußerst wichtige Frischluftentstehungsgebiete sind. Und

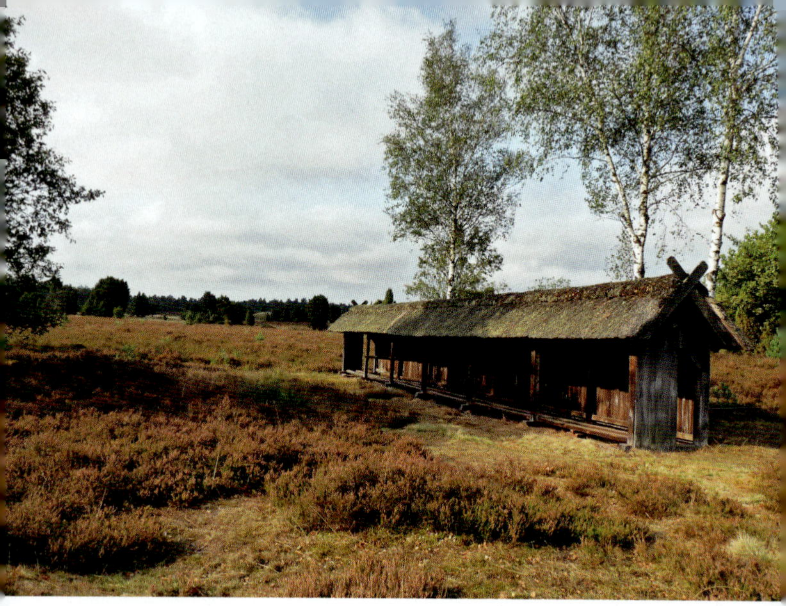

Bienenzaun bei Sudermühlen

natürlich wird Buchenholz für den Bau von Möbeln verwendet, ist ein hervorragendes Brennholz oder dient als Rohstoff für die Herstellung von Holzkohle.

Auf der Heidefläche finden Sie Bänke und Tische zum Rasten und einen Bienenzaun (☞ **Bienenzaun**, S. 75). Und Sie können gut die unterschiedlichen Altersstufen der Besenheide erkennen, die hier durch das Abplaggen kleiner Flächen erzeugt worden sind (☞ **Plaggenwirtschaft**, S. 91).

Sie folgen dem Pfad bis zur ⌘ Birkenbank ❶, die aufgrund ihrer schönen Lage und Aussicht von der Naturschutzparkverwaltung als „Naturblick Nr. 2" markiert worden ist. Der dort gezeigte QR-Code verweist auf folgende Internetseite:

💻 https://naturpark-lueneburger-heide.de/natur-und-kultur/naturwunder-und-naturblicke/birkenbank

Birke

Bei den fünf Birken an der Bank handelt es sich um die am weitesten verbreitete Art, die Sand-, Warzen- oder Hänge-Birke (Betula pendula) genannt wird. Birken kann man gut an der weißlichen Rinde erkennen. Die Hänge-Birke können Sie außerdem an den hängenden Zweigen, die fast kahl und mit vielen warzigen Harzdrüsen besetzt sind, von der ebenfalls in der Region vorkommenden Moor-Birke unterscheiden. Die Moor-Birke (Betula pubescens) besitzt keine hängenden Zweige und weist nur wenige Harzdrüsen auf, dafür sind ihre jungen Zweige aber fein behaart.

Die Hänge-Birke ist eine Licht liebende Pionierart, die unbewaldete Regionen schnell besiedeln kann. Die Birken geben der Heidelandschaft mit ihrem zartgrünen Laub und ihrer weißen Rinde zwar erst den richtigen Pfiff, aber sie drängen die Besenheide zurück, die Beschattung kaum verträgt. Daher werden auf den Heideflächen die Birkenschösslinge regelmäßig entfernt, eine Arbeit, die die Heidjer „entkusseln" nennen.

Von der Birkenbank wandern Sie den Hügel hinunter zu einem Wegweiserstein am Waldrand, wo Sie das Schild „9L" nach links leitet. Sie überqueren die gepflasterte Straße (km 1,3), die nach rechts nach Sudermühlen führt. Sie folgen etwas oberhalb auf einem Fußweg der Straße und erreichen das Hotel und Restaurant Hof Sudermühlen ❷ (km 2,4).

Hof Sudermühlen, Sudermühlen 1, 21272 Egestorf, ☏ 041 75/ 84 80,
www.hotel-sudermuehlen.de, Mo-Fr 15:00-21:00, Sa-So 12:00-22:00

Hinter Hof Sudermühlen überqueren Sie die Schmale Aue und folgen dem sandigen Weg, bis Sie an einer Kreuzung auf eine Heidefläche stoßen (km 2,6). Dort wenden Sie sich nach links und wandern am linken Rand einer schönen Heidefläche entlang.

Sie erreichen einen Kiefernwald (km 3,1) und gehen geradeaus Richtung Döhle und Wilsede entlang eines Reitweges weiter, bis Sie an eine Wiese und ein Gatter kommen (km 3,8). Hier biegen Sie nach links ab, weiter dem Nordic-Walking-Weg 9L folgend.

Sie wandern im Wald weiter und auf Ihrer rechten Seite befinden sich die Wiesen entlang der Schmalen Aue. Schließlich stoßen Sie auf einen Bohlenweg, der Sie durch einen sumpfigen Erlenbruchwald bringt, und Sie überqueren die Schmale Aue erneut (km 4,1). Sie passieren ein Schild zum Thema Renaturierung und die Tafel „Weidefläche mit Geschichte" und erreichen eine Kreuzung (km 4,3). Hier biegen Sie nach links ab Richtung Egestorf und Sudermühlen und kommen 100 m weiter wieder an eine Kreuzung.

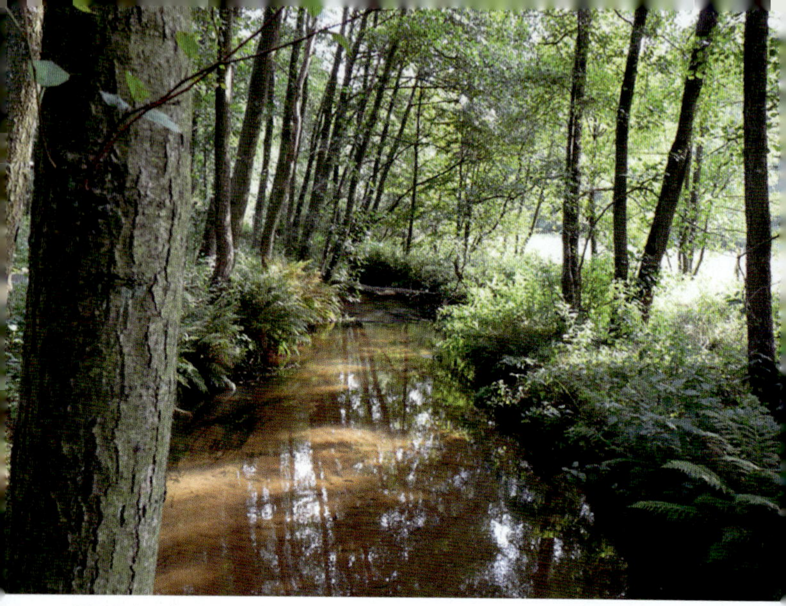

Die Schmale Aue

Hier biegen Sie nach rechts Richtung Egestorf ab und wandern erst am Waldrand (links Wald, rechts Weide), dann im Wald weiter leicht bergan. Der Weg ändert sich zu einer gepflasterten Straße (km 5), es kommt ein Weg von rechts hinten dazu, dann von links hinten. Kurz darauf weist Sie ein Schild nach links auf die Heidefläche am Auberg ❸ hin (km 5,3).

Der ca. 140 m lange Stichweg führt Sie auf eine schöne Heidefläche, die als „Naturblick Nr. 34 Auberg" auf der folgenden Internetseite beschrieben ist:

💻 https://naturpark-lueneburger-heide.de/natur-und-kultur/naturwunder-und-naturblicke/auberg

Nach dem Abstecher kommen Sie zurück auf den gepflasterten Weg und gehen nun links Richtung Egestorf. Wenn Sie den Abstecher nicht gemacht haben, gehen Sie einfach geradeaus weiter.

Sie erreichen am Waldrand die Grenze des Naturschutzgebietes (km 5,7) und gehen geradeaus weiter, bis Sie wieder auf den Sudermühler Weg stoßen. Hier wenden Sie sich nach rechts und erreichen schließlich den Start- und Zielpunkt, die St.-Stephanus-Kirche in Egestorf (km 6,9).

9 Pastor-Bode-Weg

Wanderung für Liebhaberinnen und Liebhaber von Natur und Heide

Auf dem Pastor-Bode-Weg spazieren Sie wie einst der Vater der Lüneburger Heide, Pastor Bode, durch die malerischen Heideflächen zwischen Wilsede und Egestorf und wandern anschließend durch eine kleinräumige Feld-Wald-und-Wiesen-Flur nach Salzhausen.

→ Start: Wilsede, GPS N 53°9.845' E 009°57.658' (nur per Kutsche oder zu Fuß erreichbar); Ziel: St.-Johannis-Kirche Salzhausen, Winsener Straße 1, Salzhausen, GPS N 53°13.547' E 010°10.167'

22,5 km

6 Std. 30 Min.

↑↓ 172 m/263 m

⇧ 37-132 m

Heidschnuckenweg (weißes „H" auf schwarzem Grund, km 0-km 3,6), gelber Pfeil mit schwarzem Rand: km 6,3-km 8,2 (Wanderweg Heidepuzzle), km 8,2-km 15,6 (Parcours der Augenblicke), km 7,9-km 17,1 (Kultur-Findlinge), km 17,1-km 22,3

fast ausschließlich unbefestigte oder verdichtete Feld- und Waldwege, manchmal sehr sandig, in Ortslagen befestigte Wege

jeweils mehrere Einkehrmöglichkeiten in Niederhaverbeck und Undeloh (Parkplätze) und am Start in Wilsede, Egestorf (km 8,2), Eyendorf (km 17,2, ca. 500 m vom Weg), Salzhausen (km 22,5)

viele Bänke zum Ausruhen, Bänke im philosophischen Steingarten (km 8,4)

keine Besonderheiten

mehrfach sandige Wegabschnitte

Leinenpflicht im Naturschutzgebiet, kein Trinkwasser

P Parkplatz Niederhaverbeck, Niederhaverbeck 2, Bispingen, GPS N 53°9.050' E 009°54.470', Parkplatz Undeloh am Heide-ErlebnisZentrum, Wilseder Straße 23, Undeloh, GPS N 53°11.561' E 009°58.636', von dort mit der Kutsche (☞ Reise-Infos) weiter nach Wilsede

☺ Vom Parkplatz Niederhaverbeck können Sie auf dem Wanderweg „Lila Krönung" auch zu Fuß nach Wilsede gehen (4,8 km).

Rückfahrt mit dem Heide-Shuttle oder mit dem Taxi (☞ Reise-Infos, Öffentliche Verkehrsmittel)

Statt von Undeloh mit der Kutsche nach Wilsede zu fahren, können Sie auch zunächst auf dem als ☞ Tour 11 beschriebenen Weg durch das Radenbachtal wandern. Bei km 3,6 überqueren Sie das Radenbachtal nicht, sondern wandern auf dem Pastor-Bode-Weg geradeaus weiter. Diese kutschenfreie Variante ist 1,2 km kürzer als der Weg von Wilsede, allerdings verpassen Sie die Heidefläche zwischen Wilsede und dem Radenbachtal.

In Wilsede nehmen Sie die Straße, an der links das Heidemuseum und rechts die Milchhalle und der Einkaufskiosk liegen.

⌘ **Heidemuseum Dat ole Huus**, Wilsede 3A, 29646 Bispingen, ☏ 041 75/80 29-33, www.lueneburger-heide.de/service/sehenswuerdigkeit/207/dat-ole-huus-heimatmuseum.html, Mai-Okt 10:00-16:00 (Änderungen vorbehalten)

✕ **Zum Heidemuseum**, Wilsede 9, 29646 Bispingen, ☏ 041 75/217, www.zum-heidemuseum.eu, saisonal und wetterbedingt unterschiedlich, aktuelle Öffnungszeiten: ☞ Internetseite

♦ **Milchhalle**, Wilsede 10a, 29646 Bispingen, ☏ 041 75/80 29 32, https://www.verein-naturschutzpark.de/milchhalle-museumsladen, tgl. 12:00-16:00, außerhalb der Saison Sa-Di 12:00-16:00, ggf. witterungsbedingt früher geschlossen

♦ weitere Einkehrmöglichkeiten und Informationen zu Wilsede: ☞ Tour 10, S. 66

Sie verlassen Wilsede in nordöstlicher Richtung auf dem Heidschnuckenweg (H).

Nach 800 m liegt auf Ihrer linken Seite ein Wald mit auffallend dicken Buchen, ein Hutewald (☞ Tour 11, S. 76). Hinter diesem verlassen Sie die breite Straße

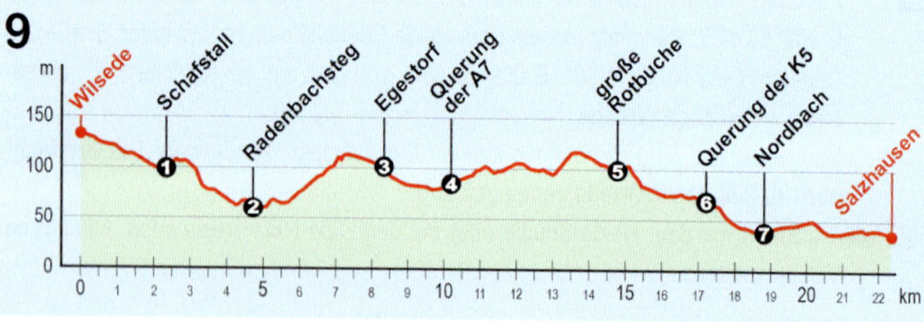

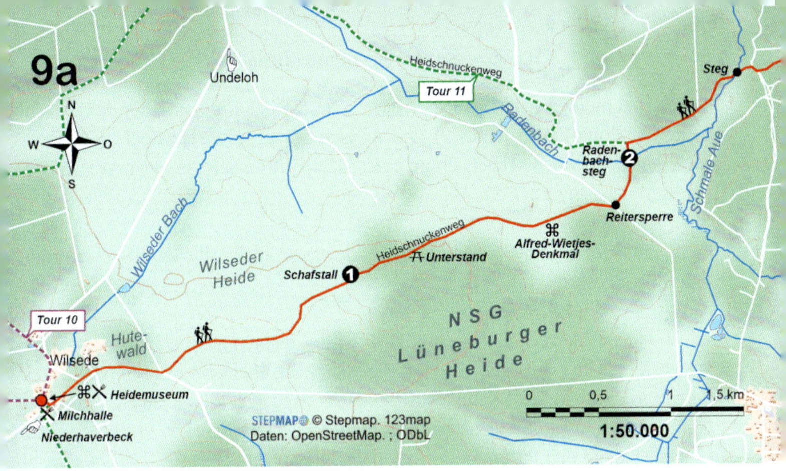

und biegen nach links auf einen Weg ab, der in die Heidefläche hineinführt. Auf einem sehr schönen Heideweg passieren Sie einen Schafstall ❶ auf der linken Seite (km 2,5) und 600 m weiter einen Unterstand.

Der folgende Weg durch die ❀ Wilseder Heide ist mit seinen Ausblicken besonders malerisch. Ein Denkmal (km 4) weist auf Alfred Wietjes hin, der seinen Nachlass dem Verein Naturschutzpark überließ, damit hier ein Stückchen Heide vor der Aufforstung gerettet werden konnte.

400 m weiter stoßen Sie auf einen Feldweg. Sie unterqueren eine Reitersperre und überqueren eine Weide für Wilseder Rote und Dülmener Wildpferde (☞ Tour 11, S. 73). Eine Tafel informiert über die Tiere. Hinter der Weide überqueren Sie auf einem Bohlenweg einen Erlenbruch und den Radenbach ❷ (km 4,7). 200 m weiter stoßen Sie an einer Heidefläche auf einen Feldweg, dem Sie nach rechts folgen.

✎ An dieser Stelle verlassen Sie den Heidschnuckenweg, der nach links Richtung Undeloh führt.

Sie wandern parallel zu einem Kutschenweg in den Wald hinein. Etwa 500 m hinter dem Waldrand biegt der Kutschenweg nach links ab, während Ihr Wanderweg geradeaus verläuft. Sie überqueren einen Bohlenweg und auf einem Steg die Schmale Aue (km 5,7). Sie passieren einen Aufsteller zum Thema „Kurven im Bett“ und einen weiteren zu „Weidefläche mit Geschichte“. Hier können Sie auf einer kleinen Bank schön am Wasser sitzen.

Sie unterqueren eine Reitersperre, nehmen an der Kreuzung den Weg nach rechts Richtung Döhle (km 5,9) und müssen 50 m weiter links auf einen Pfad abbiegen. Sie stoßen schließlich an einer kleinen Kreuzung an einen Wegweiser (km 6,3).

✎ Ab hier folgen Sie dem Weg Heidepuzzle (gelbe Pfeile mit schwarzem Rand) bis Egestorf.

An einer Waldwegkreuzung mit Bank auf der rechten Seite gehen Sie geradeaus weiter bis zu einem gepflasterten Weg (km 6,7). Hier geht es nach rechts und bergab zum Rand des Naturschutzgebietes, angezeigt durch einen Aufsteller (km 7). Hier müssen Sie nach rechts Richtung Egestorf abbiegen (auch wenn ein kleiner Findling den Pastor-Bode-Weg nach links anzeigt).

Sie wandern auf einer von Birken gesäumten Straße nach Egestorf hinein. An der Kreuzung im Ort (km 7,9) biegen Sie halb rechts in die 30er-Zone ein und erreichen einen Platz mit der Büste von Pastor Wilhelm Bode vor Pfarramt und Kirche ❸ (km 8,2).

Kirche in Egestorf

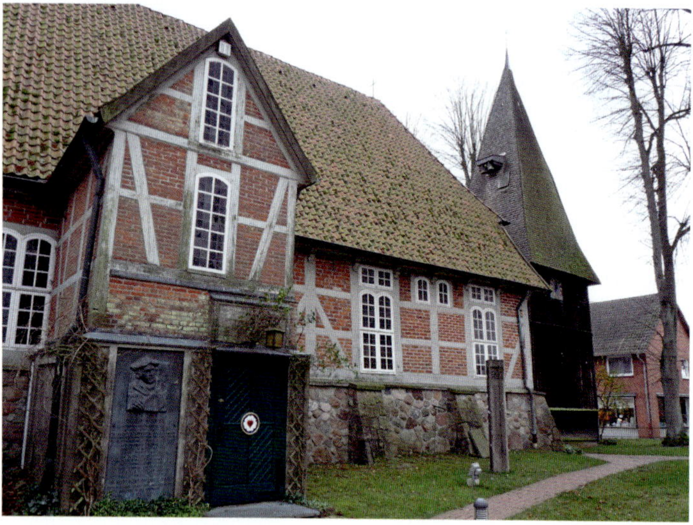

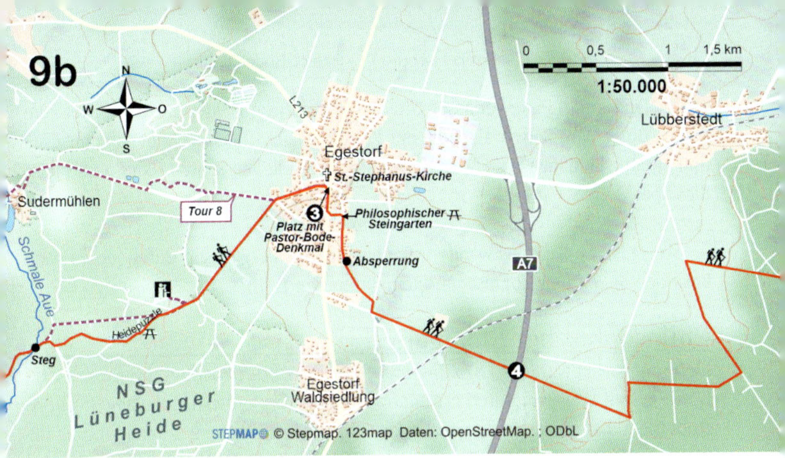

Wilhelm Bode

Pastor Wilhelm Bode (1860-1927) ist eine der wichtigsten Persönlichkeiten der Lüneburger Heide, denn er gilt nicht nur als der Begründer des Naturschutzparks, sondern er war gleichzeitig einer der ersten, die sich in Deutschland für den Naturschutz einsetzten. Er erkannte, dass die Heidelandschaft durch Aufforstung und Bauprojekte zu verschwinden drohte, und begann, Spendengelder zu sammeln und Heideflächen aufzukaufen. Mit Unterstützung des 1909 in München gegründeten Vereins Naturschutzpark erwarb er Anfang des 20. Jahrhunderts am Wilseder Berg und im Totengrund die ersten Flächen für den Naturschutz in Deutschland. 1923 wurde Bode aus seinem Amt als Pastor entlassen, weil er angeblich eine Affäre mit der jungen Wirtin des Gasthauses Heidemuseum gehabt haben soll. Möglicherweise haben aber auch Gegner seiner Naturschutzbemühungen dies nur als Gerücht an den entscheidenden Stellen in Umlauf gebracht. Ganz aufgeklärt wurde die Sachlage nie.

✝ St.-Stephanus-Kirche

Normalerweise haben Kirchen einen Glockenturm oben auf dem Hauptgebäude. Bei der St.-Stephanus-Kirche steht der hölzerne Glockenturm dagegen etwas abseits und allein. Für einen hohen Kirchturm fehlte den mittelalterlichen Bauherren entweder das Vertrauen in die Tragfestigkeit des Baugrundes oder das notwendige Kapital. Der Glockenturm, der eine große Glocke aus dem Jahr 1445 beherbergt, ist deutlich älter als das 1645 erbaute Kirchengebäude. Kirchen mit separatem Glockenturm findet man auch an anderen Orten in der Heide, z. B. die Heilig-Geist-Kirche in Wolterdingen (☞ S. 127).

✎ An diesem Platz verlassen Sie den Wanderweg Heidepuzzle. Parallel zum Pastor-Bode-Weg laufen ab jetzt die Wanderwege „Parcours der Augenblicke“ und „Kultur-Findlinge“. Die Markierung (gelbe Pfeile mit schwarzem Rand) bleibt dieselbe.

Vom Kirchenplatz aus wandern Sie nach rechts bergab und durchqueren nach links den ⌘ ⩸ philosophischen Steingarten (km 8,4).

Philosophischer Steingarten

Der Steingarten war von 1872 bis 1944 der Egestorfer Friedhof. In neuerer Zeit wurde er um Steinskulpturen erweitert, z. B. um das Luther-Denkmal von 1988. Außerdem hat man Findlinge aus der Region zusammengetragen und durch Namen wie „Stein des Anstoßes“ oder „Stein, der vom Herzen fällt“ philosophisch aufgewertet.

Findlinge

Heute weiß man, dass die großen Felsblöcke, die überall in der Heide liegen, durch Gletscher hierhertransportiert wurden. Aber das weiß man noch gar nicht so lange.

Im 18. Jahrhundert vertrat man die Meinung, diese Findlinge seien vulkanische Bomben. Ungeklärt blieb bei dieser Erklärung allerdings der lange Transportweg, denn man wusste bereits um 1775, dass die Findlinge aufgrund der geologischen Verhältnisse aus Skandinavien kommen mussten.

Daher neigte man ab 1800 eher zu der Theorie, die Steine seien im Zuge von Schlamm- und Geröllfluten verschwemmt worden, auch wenn man die dazu notwendigen ungeheuren Mengen schnell fließenden Wassers weder erklären noch nachweisen konnte.

Aus diesem Grund entwickelte man die Drifttheorie. Danach sollten im Eis eingeschlossene Felsbrocken durch driftende Eisberge transportiert worden sein. Das große Meer, das man dazu gebraucht hätte, konnte man wunderbar mit der biblischen Sintflut erklären. Nur fehlten alle anderen marinen Ablagerungen, die man dabei hätte erwarten dürfen.

Schließlich, ausgehend von Beobachtungen an alpinen Gletschern, setzte sich ab dem Ende des 19. Jahrhunderts die heute gängige Theorie des Gletschertransportes durch.

Auf der Straße hinter dem Steingarten gehen Sie nach rechts und durch eine Absperrung hindurch geradeaus auf einen Pfad. Er stößt auf eine Straße, der Sie

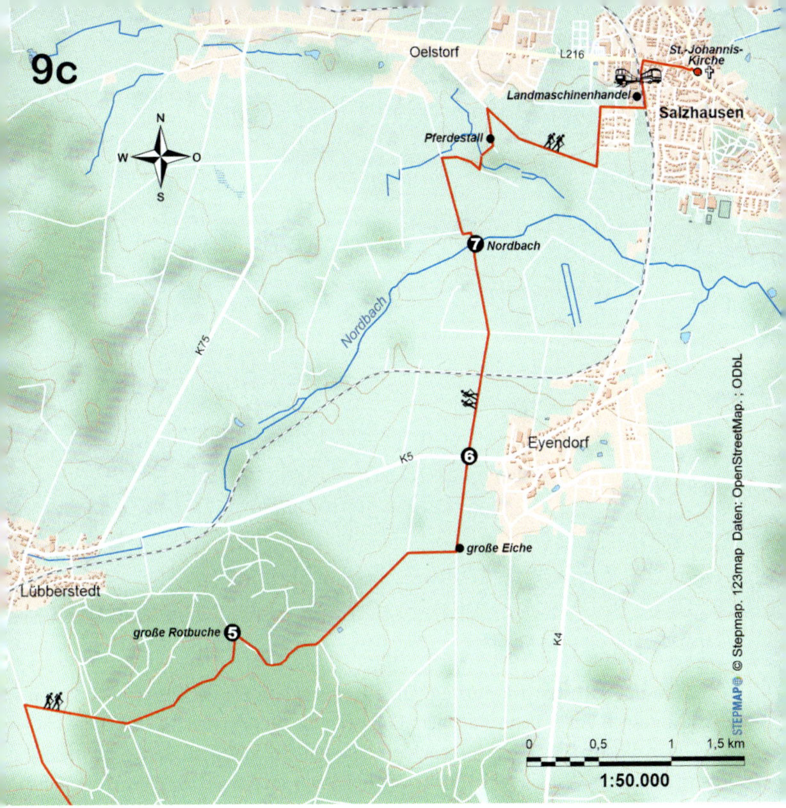

nach rechts folgen (km 9,2). An der Kreuzung knapp 100 m weiter nehmen Sie den gepflasterten Weg nach links, auf dem Sie eine Bahnlinie über- und die Autobahn ❹ (km 10,3) unterqueren. Der Weg wird zum Teerweg und biegt scharf nach links ab (km 11,2).

✋ ✎ Gehen Sie hier nach links, obwohl der gelbe Pfeil nach rechts weist.

An der nächsten Abzweigung, die für Motorfahrzeuge gesperrt ist, biegen Sie vom Teerweg auf einen Waldweg mit feinem Schotter ab.

✎ Ab der nächsten Einmündung von rechts laufen Sie wieder auf den Wanderwegen „Parcours der Augenblicke“ und „Kultur-Findlinge“.

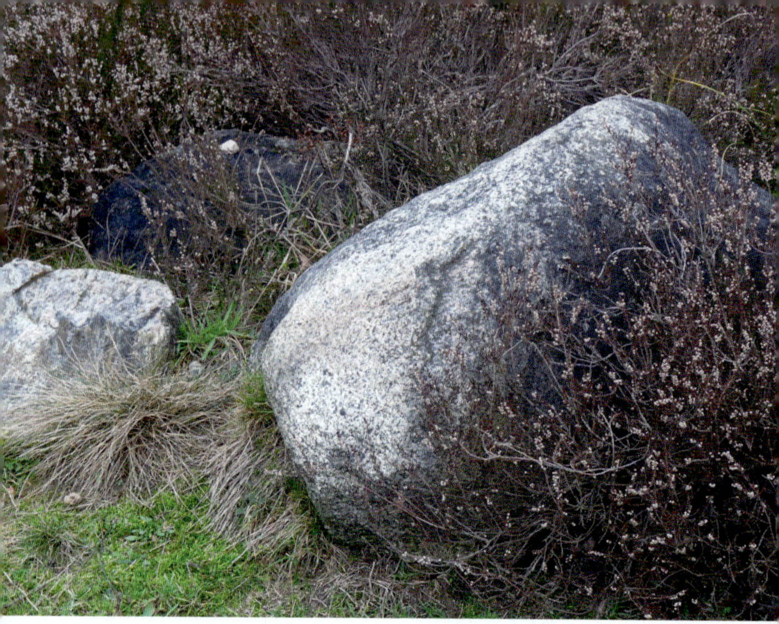

Heidekraut und Findlinge

Von der nächsten T-Kreuzung (km 12,2) wandern Sie nach links noch knapp 300 m durch Wald, dann auf einem Betonweg durch Ackerland. Gut 500 m hinter dem Waldrand biegen Sie nach rechts vom Betonweg ab und gehen leicht bergan in den Wald (km 13,4) hinein. Im Wald erreichen Sie eine Wegspinne (km 13,8) und nehmen den mit einem gelben Pfeil gekennzeichneten Weg links. Sie gehen geradeaus bergab bis zu einer Kreuzung mit einer dicken Rotbuche ❺ (km 14,8). Hier biegen Sie nach rechts ab und überqueren eine Kuppe. Am Waldrand nehmen Sie den linken Weg und wandern weiter am Waldrand entlang (km 15,6).

✎ Der Wanderweg „Parcours der Augenblicke“ biegt hier rechts ab, der Weg „Kultur-Findlinge“ und die gelben Pfeile begleiten Sie aber weiter geradeaus.

Nach einem Stück durch Ackerland stoßen Sie auf eine T-Kreuzung bei einer dicken Eiche (km 16,8), wo Sie nach links abbiegen. 300 m weiter macht der Teerweg eine Biegung nach rechts, Sie gehen aber geradeaus auf einem Sandweg weiter Richtung Salzhausen.

✎ An dieser Stelle verlassen Sie auch den Weg „Kultur-Findlinge". Dem gelben Pfeil folgen Sie aber weiter.

Sie überqueren die Landstraße ❻ (km 17,4), eine Bahnlinie (km 18) und einen schmalen Teerweg (km 18,2) geradeaus. Schließlich überqueren Sie eine Wiese – Sie wandern an ihrer linken Seite – und den Nordbach ❼ (km 18,8). Über einen Grasweg verlassen Sie das Tal und gehen auf einem Teerweg (km 19) weiter geradeaus bergan. Bei einer Buschreihe biegen Sie vom Teerweg nach rechts (km 19,5) auf einen Sandweg ab, den Sie etwa 250 m weiter nach links hinab verlassen.

Sie erreichen eine Kreuzung, an der sich links ein kleiner Pferdestall befindet (km 20). Hier gehen Sie links leicht bergan und an der nächsten Kreuzung kurz vor dem Ort rechts weiter (km 20,2).

Sie kommen zu einer kleinen Kreuzung (km 21,1). Der Hauptweg geht geradeaus weiter und nach rechts zeigt ein gut sichtbares Schild „Rund um Salzhausen". Hier biegen Sie nach links ab. An der nächsten T-Kreuzung geht es nach rechts weiter (km 21,5). Kurz hinter einem Landmaschinenhandel überqueren Sie die Bahngleise, gehen links weiter an der Bahn entlang und geradeaus an der Bushaltestelle vorbei zur Hauptstraße (km 22,1).

Über die Hauptstraße nach rechts erreichen Sie das Zentrum und die Kirche von Salzhausen, den Endpunkt dieses Wanderweges (km 22,5). Im Bereich der Kirche finden Sie mehrere Möglichkeiten zum Einkaufen und Einkehren.

Landkreis Heidekreis

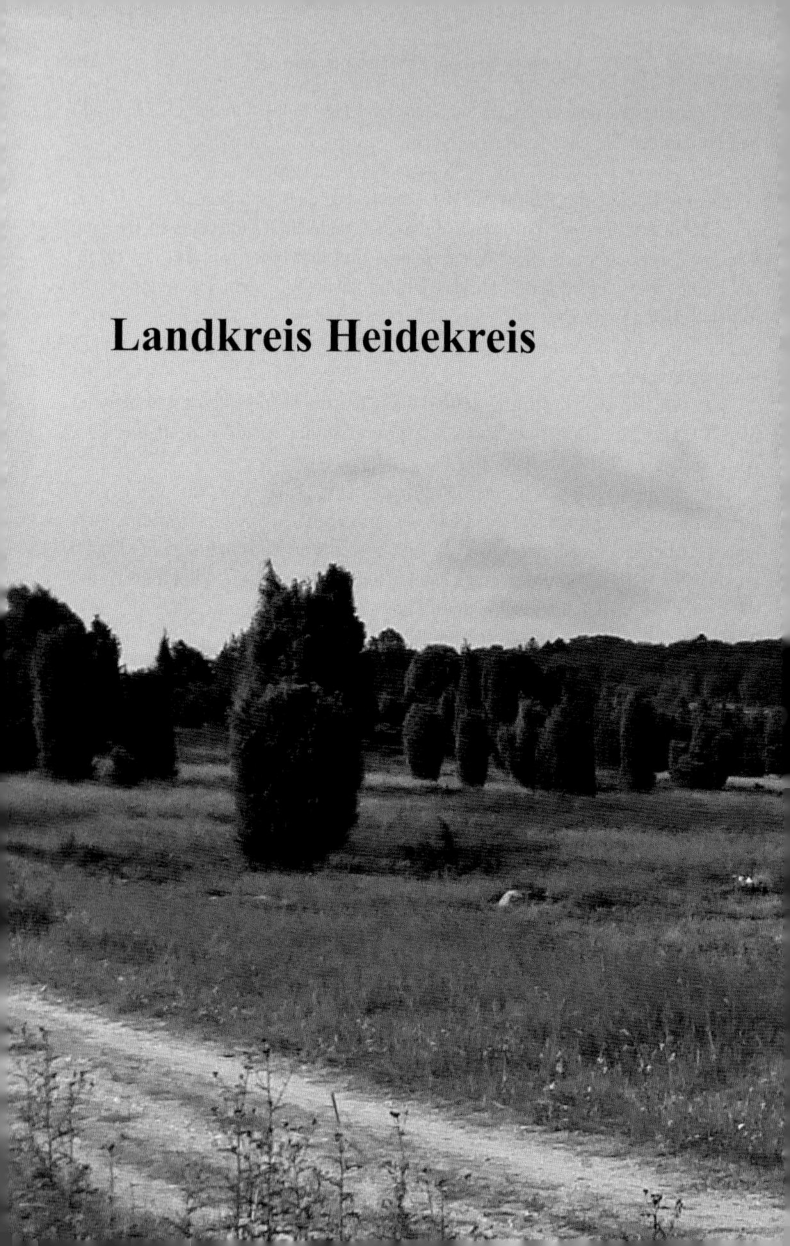

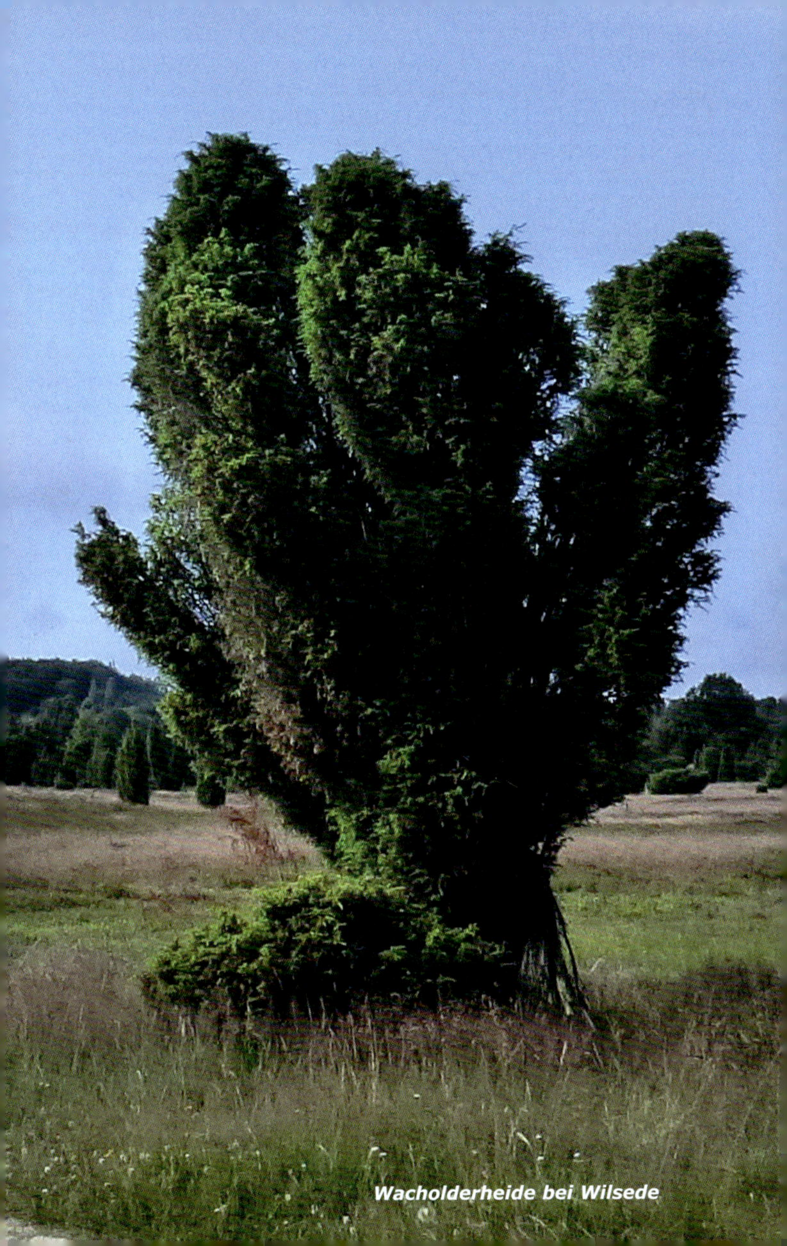

Wacholderheide bei Wilsede

⑩ Wilseder Berg, Wilsede und Niederhaverbeck

Wanderung für Liebhaberinnen und Liebhaber von Natur und Heide

Die Glanzpunkte dieses Weges sind die Heideflächen am Wilseder Berg. Außerdem können Sie das malerische Heidedörfchen Wilsede erkunden, das für Besucherinnen und Besucher nur mit Kutschen, per Fahrrad oder zu Fuß zu erreichen ist. In Wilsede oder Niederhaverbeck sollten Sie sich Zeit für die empfehlenswerte regionale Küche nehmen. Und hinter Niederhaverbeck durchwandern Sie dann noch einmal ein sehr schönes Heide- und Waldgebiet.

Start/Ziel: Walderlebniszentrum Ehrhorn in Schneverdingen, GPS N 53°10.622' E 009°53.011'

16,9 km

5 Std.

224 m/224 m

88-169 m

Heidschnuckenweg (H) (km 7-km 11,9)

überwiegend unbefestigte oder verdichtete Feld- und Waldwege, manchmal sehr sandig, in den Ortslagen von Wilsede und Niederhaverbeck befestigt, zwischen Ehrhorn und Forsthaus Heimbuch gepflastert

Walderlebniszentrum am Start/Ziel (, Öffnungszeiten variieren), mehrere Einkehrmöglichkeiten in Wilsede (km 6,8), Landhaus Eickhof (km 11,5), Haverbeckhof (km 11,8)

viele Bänke zum Ausruhen, Unterstand (km 0,2), Revierförsterei Heimbuch, Unterstand und Trinkwasser (km 2,4), Schutzhütte (km 8,3), Wilseder Berg mit Tischen und Bänken (km 8,5)

Für Kinder ist das Walderlebniszentrum am Startpunkt spannend ().

Weg zum Forsthaus Heimbuch gepflastert und holperig, mehrere sandige Wegabschnitte

Leinenpflicht im Naturschutzgebiet, kein Trinkwasser

P Parkmöglichkeit am Walderlebniszentrum

Dieser Weg umfasst besonders viele heidetypische Elemente und insbesondere große Heideflächen. Allein der Ausgangspunkt, das Walderlebniszentrum

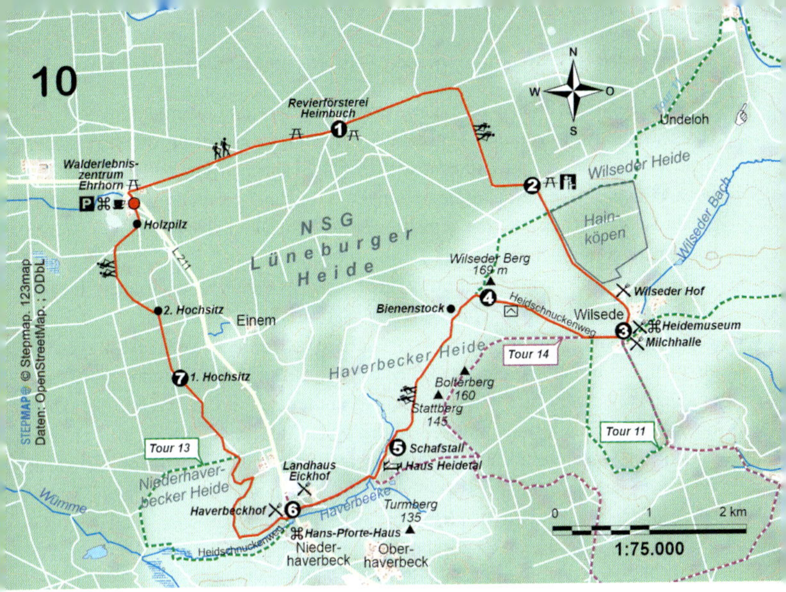

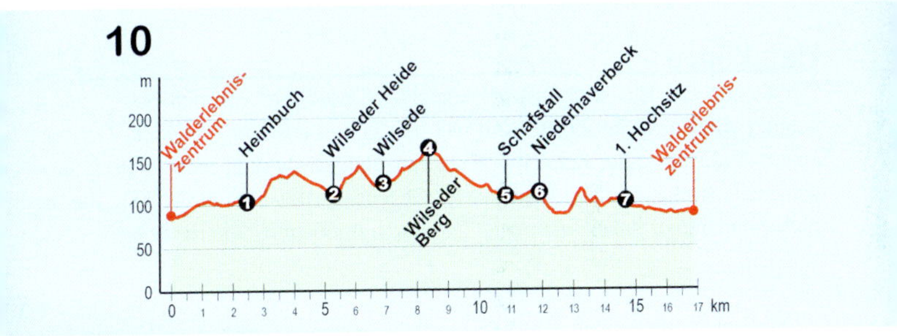

Ehrhorn, ist mit seinen schönen reetgedeckten Gebäuden, seinen Ausstellungen und Aktionen schon für sich ein sehr schönes Ausflugsziel, vor allem mit Kindern.

⌘ ☕ **Walderlebniszentrum Ehrhorn**, Ehrhorn 1, 29640 Schneverdingen,
☏ 051 98/98 71 20, wpz.lueneburger-heide@nlf.niedersachsen.de,
https://www.landesforsten.de/erleben/unsere-naturtalente/walderlebnis-ehrhorn,
Mai-Okt Sa-So + Feiertag 10:00-17:00 und nach Vereinbarung, Öffnungszeiten vom Café variieren

Vom Parkplatz gehen Sie zum Walderlebniszentrum, überqueren dort die Hauptstraße und folgen dem gepflasterten Weg immer geradeaus durch verschiedene Waldtypen und an Grünland vorbei zur Staatlichen Revierförsterei Heimbuch ❶ (km 2,4). Kurz hinter dem dortigen Unterstand gehen drei Wege ab. Hier gehen Sie geradeaus auf dem gepflasterten Weg Richtung Undeloh weiter, immer leicht bergan und geradeaus.

Knapp hinter der höchsten Stelle, kurz bevor es deutlich bergab geht, biegen Sie nach halb rechts vom gepflasterten Weg ab (km 3,7). Kurz hinter der Abzweigung sehen Sie links ein kleines Wasserloch. Was heute so versteckt und banal aussieht, war früher in dieser trockenen Gegend eine recht bedeutende Schaftränke. Der Weg macht hier eine Rechtskurve und es geht leicht bergauf. Sie überqueren einen Rücken und wandern durch einen Mischwald aus Kiefern, Fichten und Eichen immer geradeaus und leicht bergab. Schließlich kommt von rechts ein Weg dazu (km 4,7). Knapp 100 m weiter folgen Sie dem Weg durch eine Linkskurve und erreichen den Waldrand bei einer Bank (km 5,2). Jetzt liegt die große Wilseder Heide ❷ vor Ihnen. Sie biegen hier nach rechts Richtung Wilsede/Wilseder Berg ab und wandern in die Heidefläche hinein.

Es geht bergan und Sie erreichen den Rand eines Eichenwaldes (km 5,5).

Hainköpen

Der Eichenwald Hainköpen ist ein königlicher Wald, der von den Bauern nicht genutzt werden durfte. Daher sind hier alte Eichen erhalten geblieben. Der von einem Wall eingefasste Bereich war nie eine Heidefläche und repräsentiert einen ganz seltenen historischen Waldtyp. Im Gegensatz dazu sind die Wälder, die Sie bisher durchquert haben, ganz jung und durch Aufforstung von Heideflächen entstanden.

Sie gehen immer am Waldrand entlang geradeaus Richtung Wilsede. Sie haben jetzt den Eichenwald links von sich und die Heideflächen rechts. Einige Bänke laden zum Betrachten der schönen Landschaft ein. Am Wilseder Hof gehen Sie vorbei und erreichen das Zentrum des Heidedörfchens Wilsede ❸ (km 7,1).

Wilsede

Wilsede macht mit seinen schönen historischen Gebäuden den Eindruck eines Museumsdorfes, aber es ist tatsächlich ein richtiges Dorf, das 1297 erstmals erwähnt wurde. Allerdings wurden – wie es für Museumsdörfer typisch ist – einige alte Gebäude hierher transportiert, z. B. das Museumsgebäude „Dat ole Huus".

Es wurde 1742 in Hanstedt erbaut und 1907 hier erneut aufgebaut. Das Museum zeigt einen interessanten Einblick in das bäuerliche Leben in der Mitte des 19. Jahrhunderts. Mit seinen guten Einkehrmöglichkeiten eignet sich Wilsede auch für eine ausgedehnte Pause. Und sollten Sie dann mit vollem Bauch genug vom Wandern haben, dann können Sie per Kutsche in die benachbarten Orte Undeloh und Niederhaverbeck fahren (☞ Reise-Infos, Kutschen).

⌘ **Heidemuseum Dat ole Huus**, Wilsede 3A, 29646 Bispingen, ☏ 041 75/80 29-33, 💻 www.lueneburger-heide.de/service/sehenswuerdigkeit/207/dat-ole-huus-heimat-museum.html, 🚪 Mai-Okt 10:00-16:00

✕ **Zum Heidemuseum**, Wilsede 9, 29646 Bispingen, ☏ 041 75/217, 💻 www.zum-heidemuseum.eu, 🚪 saisonal und wetterbedingt unterschiedlich, aktuelle Öffnungszeiten: ☞ Internetseite

♦ **Milchhalle**, Wilsede 10a, 29646 Bispingen, ☏ 041 75/80 29 32, 💻 https://www.verein-naturschutzpark.de/milchhalle-museumsladen/, 🚪 tgl. 12:00-16:00, außerhalb der Saison Sa-Di 12:00-16:00, ggf. witterungsbedingt früher geschlossen

♦ **Wilseder Hof**, Wilsede 2c, 29646 Bispingen, ☏ 041 75/311, 💻 https://wilsederhof.de, 🚪 Di-So 11:00-17:00, kann abweichen

Sie stoßen auf die Dorfstraße, wenden sich nach rechts, passieren den Gasthof Witthöft's und erreichen das Heidemuseum (km 7,1). Hier biegen Sie rechts ab Richtung Wilseder Berg.

✎ Ab hier bis Niederhaverbeck ist der Weg als Heidschnuckenweg (H) gekennzeichnet.

Es geht leicht bergan. Auf der rechten Seite liegen einige Felder, auf denen alte Getreidesorten und vielleicht auch Buchweizen angebaut wird.

Bevor es am Waldrand entlanggeht, biegen Sie halb rechts (km 7,5) auf einen Weg zum Wilseder Berg ab und erklimmen den höchsten Berg der Heide ❹. 300 m vor der Kuppe passieren Sie eine Schutzhütte (km 8,3) auf der rechten Wegseite.

Wilseder Berg

Vom Wilseder Berg haben Sie eine hervorragende Aussicht über die wunderschöne Heidelandschaft, die den Kern des Naturschutzgebietes Lüneburger Heide darstellt.

Versetzen Sie sich 200.000 Jahre zurück. Zu dieser Zeit hätte direkt vor Ihnen ein Eishang von mehreren 100 m Höhe emporgeragt, denn Sie hätten sich am Rand der saalezeitlichen Inlandvereisung befunden. Hier stoppte das Vorrücken der Gletscher. Sie schoben eine ganze Kette von Endmoränen zusammen, die man heute als Südlichen Landrücken bezeichnet. Und auf dem höchsten Moränenhügel, dem 169 m hohen Wilseder Berg, stehen Sie gerade. Bei der folgenden Weichsel-Eiszeit, 100.000 Jahre später, schafften es die Gletscher nur noch bis zur Elbe, daher sind diese Endmoränenrücken auch heute noch deutlich zu erkennen.

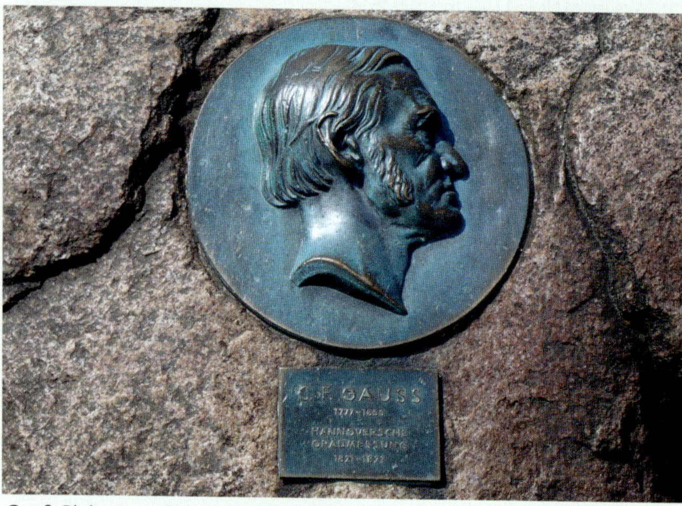

Gauß-Plakette auf dem Wilseder Berg

Auch kartografisch ist der Wilseder Berg interessant, denn er war einer der Haupttriangulationspunkte für die königlich-hannoversche Landesaufnahme durch Carl-Friedrich Gauß (1788-1855). Die Triangulation des Königreichs Hannover, an der Gauß führend beteiligt war, wurde in den Jahren 1821 bis 1825 durchgeführt. Dabei wurden weit voneinander entfernt liegende, gut sichtbare Punkte angepeilt und vermessen. Da man die Lage jedes Punktes über eine Dreiecksberechnung bestimmen kann und alle Messpunkte in einem weitgespannten Dreiecksnetz liegen, spricht man von Triangulation.

Sie überqueren den Wilseder Berg geradeaus. Nach einigen Metern bergab kommen Sie an eine Gabelung (km 8,7), an der Sie nach links Richtung Niederhaverbeck durch die schöne ❀ Haverbecker Heide wandern. Sie passieren einen kleinen Unterstand mit Bienenkorb aus Stroh (km 9) und gehen einfach geradeaus.

Sie erreichen einen Schafstall ❺ auf der linken Seite (km 10,5) und rechts einen Bach, der zu Teichen aufgestaut ist, passieren das Haus Heidetal (keine Einkehrmöglichkeit) und kommen zu einer Kreuzung (km 10,9). Nun folgen Sie nach rechts dem „H" Richtung Niederhaverbeck und biegen nach Überqueren der Haverbeeke nach links Richtung Niederhaverbeck ab. Nach 500 m zweigt ↳ rechts ein Pfad zum Eickhof ab.

✕ **Landhaus Eickhof**, Niederhaverbeck 8, 29646 Bispingen, ☏ 051 98/12 88, 💻 www.landhaus-eickhof.de, 🚪 tgl. 8:00-22:00, kein Ruhetag

In Niederhaverbeck stoßen Sie am Hans-Pforte-Haus (km 11,9) auf die Landstraße und den Haverbeckhof ❻.

⌘ **Hans-Pforte-Haus**, Naturinformationshaus des Vereins Naturschutzpark mit Ausstellung zu Bienenwelten, ☏ 051 98/379 oder 051 98/98 70 30, 🚪 1.5.-15.10. oder nach telefonischer Vereinbarung

✕ **Haverbeckhof**, Niederhaverbeck 2, 29646 Bispingen, ☏ 051 98/989 80, 💻 www.haverbeckhof.de, 🚪 tgl. 12:00-20:30, Nov-März Mo + Di Ruhetag, So nur 12:00-18:00

✎ Ab hier folgen Sie nicht mehr dem Heidschnuckenweg (H).

Sie überqueren die Landstraße und gehen ein Stückchen nach links, bis Sie nach rechts Richtung Schneverdingen um den Haverbeckhof herumgehen können. Hinter dem Teich zu Ihrer Linken biegen Sie halb rechts ab (km 12) und passieren auf einem gepflasterten Weg einen reetgedeckten Schuppen.

Ca. 100 m bevor der Pflasterweg in einen Sand-Gras-Weg übergeht (10 m vor einer Holzbank ohne Lehne), biegen Sie nach rechts ab (= Rundwanderweg Niederhaverbeck N3).

Sie wandern nun wieder durch die sehr schöne ❀ Niederhaverbecker Heide mit Aufwuchs von Eichen, Birken und Wacholder. Linker Hand liegen auch eine ganz gut erkennbare (inzwischen bewachsene) Düne und ein Bienenzaun (km 13).

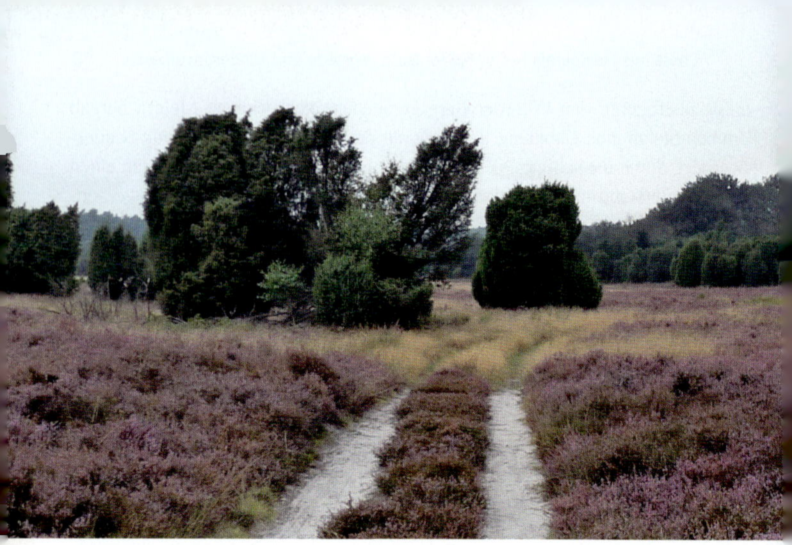

Weg in der Niederhaverbecker Heide

Sie wechseln von Heidefläche zu Trockenrasen und erreichen einen Waldrand, an dem Sie nach links abbiegen. Der Weg schlängelt sich durch den Wald und trifft wieder auf eine Heidefläche (km 13,5). Sie gehen nach rechts (Heide links, Wald rechts) und erreichen eine Schotterstraße (km 13,7). Hier verlassen Sie den Rundwanderweg Niederhaverbeck wieder und wandern auf einem sandigen Pfad in die Heidefläche hinein. Anschließend gehen Sie von der Heidefläche geradeaus in den Wald hinein (km 14,1) und bis zu einer Gabelung (km 14,5). Rechts führt ein Fahrradweg nach Einem/Ehrhorn.

Sie laufen hier links weiter, parallel zu einem Reitweg. Kurz hinter dieser Gabelung folgt noch eine Gabelung. Der linke Weg kreuzt den Reitweg. Hier nehmen Sie die rechte Möglichkeit und gehen parallel zum Reitweg weiter. Bei km 14,7 passieren Sie einen auffällig kleinen Hochstand ❼. Rund 200 m weiter treffen Sie auf einen Waldweg mit Fahrspuren, dem Sie rechts folgen. Sie gehen jetzt nicht mehr am Reitweg entlang, kreuzen einen Schotterweg und nehmen geradeaus den grasigen Weg (km 15,1). Schließlich erreichen Sie noch einen sehr niedrigen Hochsitz (km 15,5). An dieser Stelle biegen Sie auf den Weg nach links ab. Sie überqueren geradeaus eine Kreuzung (km 15,8) und treffen auf einen Grasweg (km 16,1), der von links hinten einmündet. Sie folgen dem Weg geradeaus weiter und überqueren einen Waldweg geradeaus (km 16,3). Links des Weges finden Sie zwei Bänke und einen großen Waldameisenhaufen.

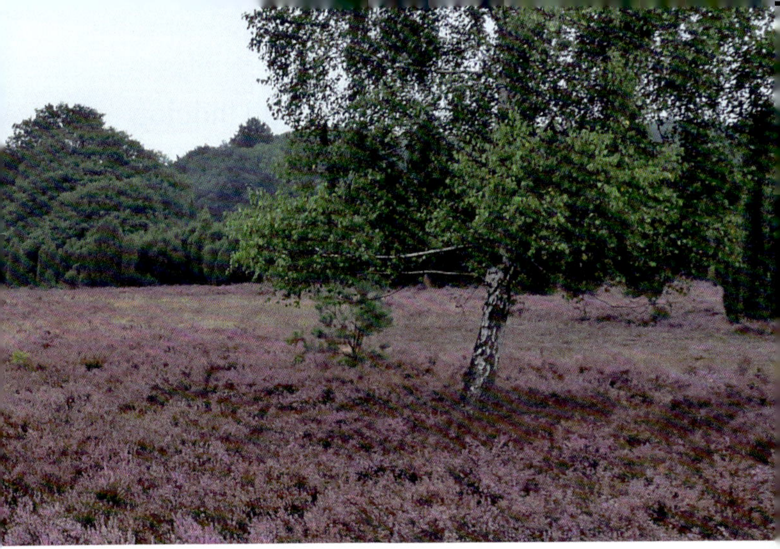

Ameisen

Die Waldameisen, die solche großen Streunester bauen, sind besonders geschützt. Auch Manipulationen am Nest sind streng verboten, denn Schäden an der Neststruktur könnten z. B. zu Veränderungen des Temperaturhaushaltes führen und die Brut bedrohen.

In einem Ameisenhügel leben zwischen 100.000 und 2 Millionen Tiere. Der Bau besteht dabei nicht nur aus dem sichtbaren oberirdischen Hügel, sondern zusätzlich aus einem etwa gleich großen unterirdischen Gangsystem. Der gesamte Bau ist durch Gänge gut belüftet, damit ein angenehmes Klima herrscht und sich keine Pilze ansiedeln können, die auch die Brut befallen könnten. Ein Ameisenvolk braucht pro Jahr rund 200 Liter Honigtau (für den sich die Ameisen Blattlausherden wie Kühe halten) und 10 Millionen erbeutete Insekten.

Sie überqueren einen Reitweg und nehmen den nächsten Waldweg nach rechts. Sie stoßen an einem Motorsägen-Holzpilz auf einen Waldweg (km 16,7), dem Sie nach links zum Walderlebniszentrum folgen (km 16,9).

11 Wilseder Berg, Wilsede und Undeloh

Wanderung für Liebhaberinnen und Liebhaber von Natur und Heide

Diese Wanderung ist eine der schönsten im Naturpark Lüneburger Heide. Sie durchwandern die großen Heideflächen von Undeloh und Wilsede, blicken in den Totengrund, ersteigen den Wilseder Berg und können in der Mittagspause das Heideörtchen Wilsede erkunden.

- Start/Ziel: Parkplatz Undeloh am Heide-ErlebnisZentrum, GPS N 53°11.561' E 9°58.636'
- 17,2 km (Variante ohne Totengrund 14,2 km)
- 5 Std. 30 Min. (Variante ohne Totengrund 4 Std. 30 Min.)
- ↑↓ 218 m/218 m
- ⇧ 58-169 m
- Heidschnuckenweg (H) (km 0-km 8,4 und km 11,7-km 13)
- fast nur unbefestigte oder verdichtete Feld- und Waldwege, manchmal sehr sandig, nur in der Ortslage von Wilsede befestigte Wege
- Heide-ErlebnisZentrum und mehrere andere Gaststätten am Start/Ziel, mehrere Einkehrmöglichkeiten in Wilsede (km 8,5)
- viele Bänke zum Ausruhen, Schutzhütte (km 12,5), Wilseder Berg mit Tischen und Bänken (km 12,8)
- keine Besonderheiten
- mehrfach sandige Wegstrecke, Bohlenweg zur Überquerung von Radenbach und Erlenbruchwald, zwei Viehsperren
- Leinenpflicht im Naturschutzgebiet, kein Trinkwasser
- P Parkplatz Undeloh am Heide-ErlebnisZentrum, Wilseder Straße 23, Undeloh

Vom Parkplatz kommend beginnt der Weg rechts vom Heide-ErlebnisZentrum.

Heide-ErlebnisZentrum, Wilseder Straße 23, 21274 Undeloh, ☏ 041 89/81 86 48, www.heide-erlebniszentrum.de, Mi-So 11:00-17:00

Zunächst wandern Sie der Markierung des Heidschnuckenweges folgend auf einem kleinen Weg immer Richtung Radenbachtal und erreichen die Undeloher Heide. Sie unterqueren eine Reiterbarriere (km 0,9) an einer zweistämmigen

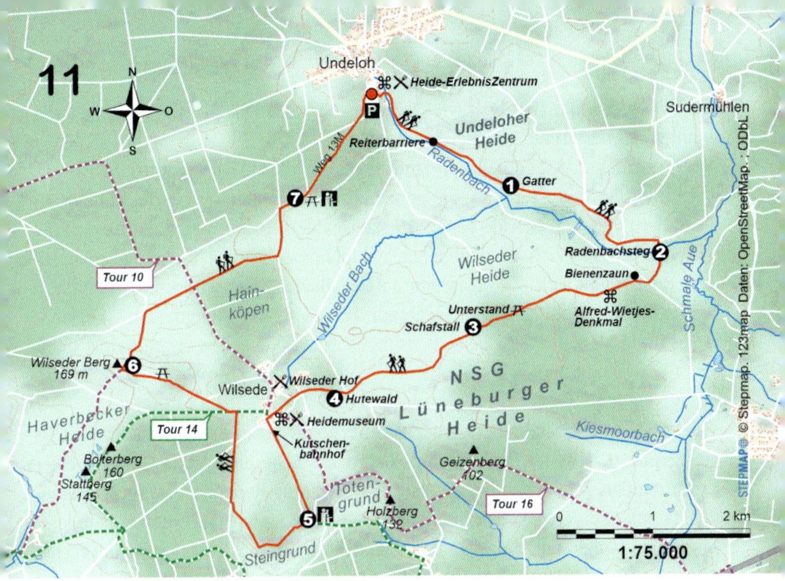

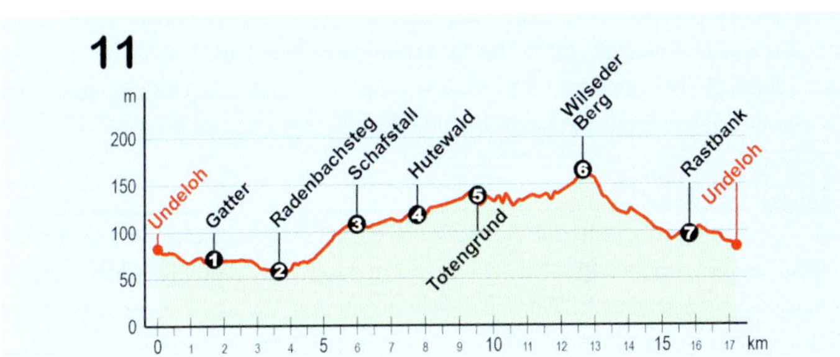

Kiefer, überqueren einen zerfahrenen Kutschweg und wandern geradeaus immer am Rand des Radenbachtales entlang. Rechts sehen Sie die grünen Wiesen der Talaue und erreichen bald ein Gatter ❶ (km 1,8).

Wilseder Rote und Dülmener Wildpferde

Die grünen Wiesen und Weiden im Radenbachtal sind für die ansonsten trockene Lüneburger Heide etwas Besonderes. Sie bereichern die Strukturvielfalt in der Heide, aber leider ist ihre Bewirtschaftung heute unrentabel. Um das seltene Grünland dennoch erhalten zu können, grasen hier heute Dülmener Wildpferde und Wilseder Rote. Beide Rassen können ohne viel Pflegeaufwand ganzjährig draußen auf der Weide gehalten werden.

Die heutigen Wilseder Roten sind eine Abbildzucht aus schottischen Highland- und Shorthorn-Rindern. Sie ähneln also den kleinen, roten Heide-Rindern, die in der Lüneburger Heide bis ins 19. Jahrhundert lebten, sind aber keine direkten Nachfahren. Auch die Dülmener Wildpferde sehen mit ihrem Aalstrich auf dem Rücken und den Zebrastreifen an den Beinen sehr schön nach Wildpferd aus, in ihnen schlummern aber Gene von Ponys aus der Mongolei, aus England, Wales und Polen und die Zucht ist streng geregelt. Sie gelten als gutmütig, intelligent und genügsam.

Der Weg führt Sie immer geradeaus durch eine schöne Heidelandschaft, teils neu geplaggt, teils mit Birken- und Kiefernaufwuchs und Wacholder. An einer Kreuzung (km 2,6) gehen Sie rechts weiter Richtung Radenbachsteg. Nach einer Rechts-links-Kurve erreichen Sie noch eine Kreuzung (km 3,2), gehen halb links weiter und stoßen kurz darauf auf eine Gabelung (km 3,3), an der Sie die rechte Abzweigung nehmen.

Verpassen Sie dann nicht die Abzweigung Richtung Radenbachsteg/Wilsede kurz vor einem Aufsteller zum Thema Artenvielfalt (km 3,6). Hier biegt Ihr Weg nach rechts ab. Sie überqueren die Wiesen und den Radenbach ❷ und passieren auf einem Bohlensteg einen Erlenbruchwald.

Erlenbruchwald

Hier im Erlenbruchwald ist die Schwarzerle die häufigste Baumart. Ihr Vorteil an diesem nassen und nährstoffarmen Standort sind ihre Wurzelknöllchen. Dort beherbergt sie sogenannte Wurzelknöllchenbakterien, die aus elementarem Luftstickstoff (N2) pflanzenverwertbares Ammoniak (NH3) herstellen. Der Baum nimmt diesen Nährstoff auf und kann sich dadurch gegen andere Baumarten durchsetzen. Damit der Luftstickstoff bis zu den Wurzelknöllchenbakterien gelangen kann, besitzt die Erle an der Stammbasis und an den oberflächennahen Wurzeln Poren und Luftkanäle. Außerdem versorgt sie die Bakterien mit Kohlenhydraten aus ihrer Fotosynthese, die den hohen Energiebedarf der bakteriellen Stickstofffixierung decken. Also eine eindeutige Symbiose (neudeutsch: Win-win-Situation), in der beide zusammen einen schwierigen Standort besiedeln können.

Am Ende des Bohlenweges müssen Sie durch ein Tor gehen, über eine Viehsperre steigen und die Weidefläche überqueren und auf der anderen Seite wieder eine Viehsperre überwinden, ein Tor passieren und eine Reitersperre unterqueren. Dahinter sind Sie die großen Tiere wieder los.

☺ Wenn Sie Angst vor Rindern oder Pferden haben sollten, kann ich Sie beruhigen: Ich selbst bin schon mehrfach über diese Weide gegangen und habe die Bewohner noch nie aus der Nähe gesehen. Die Profi-Landschaftspfleger sind eher scheue Gesellen.

Sie folgen dem gut gekennzeichneten Weg unter der Reitersperre hindurch (km 3,9) und kommen bald an einem Bienenzaun (km 4,2) vorbei.

Bienenzaun

Am Wegrand steht ein sogenannter „Bienenzaun", der an die besondere Bedeutung der Imkerei in der Lüneburger Heide erinnert. Ein Bienenzaun schützte einst die aus Roggenstroh geflochtenen Bienenkörbe vor Witterungseinflüssen. Manche Bienenzäune werden heute noch genutzt. Sie sind inzwischen aber mit modernen Bienenbehausungen bestückt.

Buchweizen- und Heidekrautblüten lieferten die Grundlage für eine beachtliche Honigproduktion in der Lüneburger Heide. Mitte des 19. Jahrhunderts wurden 76.000 Standvölker gezählt, das sind knapp 11 Bienenvölker pro km². Man rechnet heute mit 12 bis 15 kg Honig pro Bienenvolk, sodass man von einem Ertrag von über 100 kg pro km² Heidefläche ausgehen kann. Dazu kam der Wachs, den man als Beleuchtungsmittel ebenfalls verkaufen konnte. Die Bienen stellten also einen wichtigen Wirtschaftszweig dar.

Umso dramatischer war der Einbruch, als im 19. Jahrhundert Bienenwachs von Petroleum und Honig als Süßstoff von Rohrzuckerimporten und Rübenzuckerraffinade verdrängt wurden. Gleichzeitig verlor die Heidschnuckenwolle gegen die Einfuhrwolle aus Australien und Neuseeland. Eine Heidebauernkrise und daran anschließend eine weitflächige Aufforstung wertloser Heideflächen waren die Folgen.

Im Amt Soltau gab es 1861 über zehn Bienenvölker pro km², 1991 waren es nur zwei. Aus diesem Grund ist Heidehonig heute eine vergleichsweise rare (und teure) Delikatesse.

Der folgende Weg durch die ✿ Wilseder Heide ist mit seinen Ausblicken besonders malerisch. Ein Denkmal (km 4,5) weist auf Alfred Wietjes hin, der seinen Nachlass dem Verein Naturschutzpark überließ, damit hier ein Stückchen Heide vor der Aufforstung gerettet werden konnte.

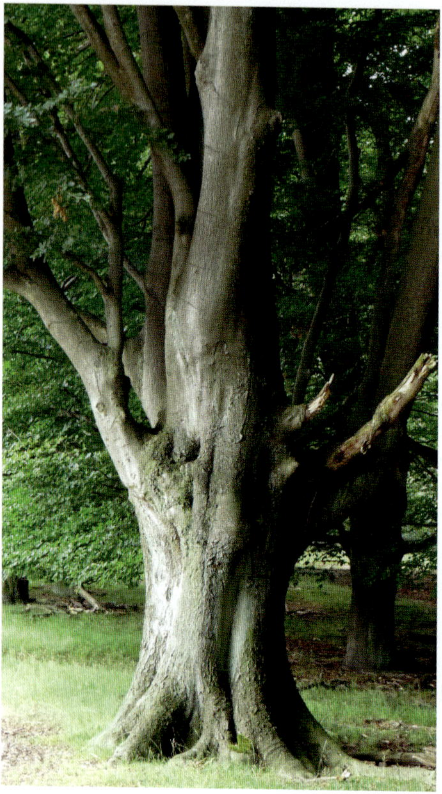

Hutewald-Buche

Bei km 5,4 erreichen Sie einen Unterstand und 600 m weiter einen Schafstall ❸. Nach weiteren 1,5 km durch schöne Heidefläche treffen Sie auf eine gepflasterte Straße (km 7,6), die Sie rechts nach Wilsede bringt.

Auf der rechten Seite sehen Sie besonders dicke Buchen in einem parkähnlichen Wäldchen. Das ist ein Rest eines früheren Hutewaldes ❹.

Hutewald

Schweine, Pferde und Rinder wurden früher in den Wald getrieben, damit sie Eicheln, Bucheckern und frische Pflanzentriebe fraßen. Das ernährte die Tiere, verhinderte aber das Aufkommen kleiner Bäume. So blieben einige große stehen und der Wald wurde insgesamt lichter. Außerdem fehlen Äste im Knabberbereich der Tiermünder, sodass eine gerade Ast- und Laub-Unterkante erkennbar ist. Solche Waldweidewälder nennt man „Hutewälder" und der hier ist ein schönes Beispiel dafür.

Bald hinter dem Hutewald erreichen Sie Wilsede (☞ Tour 10, S. 66).

Auf der rechten Wegseite liegt erst das Gasthaus Heidemuseum, dann das Heidemuseum.

⌘ **Heidemuseum Dat ole Huus**, Wilsede 3A, 29646 Bispingen, ☏ 041 75/80 29-33, www.lueneburger-heide.de/service/sehenswuerdigkeit/207/dat-ole-huus-heimat-museum.html, Mai-Okt 10:00-16:00

✕ **Zum Heidemuseum**, Wilsede 9, 29646 Bispingen, ☏ 041 75/217, www.zum-heidemuseum.eu, saisonal und wetterbedingt unterschiedlich, aktuelle Öffnungszeiten: ☞ Internetseite

Hier zeigt die Markierung für den Heidschnuckenweg an, dass Sie nach rechts am Heidemuseum vorbei hoch zum Wilseder Berg gehen sollen. Wenn Sie gleich dieser Variante folgen, sparen Sie ca. 3 km, verpassen aber den Blick in den Totengrund.

Für den kleinen Umweg zum Totengrund und durch den Steingrund nach Wilsede zurück folgen Sie nun nicht mehr dem Heidschnuckenweg.

Auf der linken Seite der Straße finden Sie den Museumsladen und die Milchhalle.

✕ **Milchhalle**, Wilsede 10a, 29646 Bispingen, ☏ 041 75/80 29 32, https://www.verein-naturschutzpark.de/milchhalle-museumsladen, tgl. 12:00-16:00, außerhalb der Saison Sa-Di 12:00-16:00, ggf. witterungsbedingt früher geschlossen

Hinter diesen Gebäuden führt ein Weg leicht bergan nach links (km 8,5). Sie gehen am linker Hand gelegenen Kutschenbahnhof vorbei, überqueren ein Stück Acker und dann einen Buchenwald.

Stühbüsche

Sie finden am Wegrand einige Bäume, die mehrstämmig aus einem Ursprung heraus wachsen. Sie weisen auf eine besondere Wirtschaftsform hin, die Niederwaldwirtschaft. Wenn der Hauptstamm – meist noch als armdickes Stämmchen – zur Brennholzgewinnung gekappt wird, bildet die Pflanze mehrere Schösslinge aus den Wurzelstöcken. Sind diese Schösslinge dick genug, werden sie erneut gekappt. Die so entstehende mehrstämmige Wuchsform von Buchen oder Eichen nennt man Stühbusch. Die geplante Niederwaldwirtschaft zeichnet sich durch besonders hohen Holzzuwachs aus und eignet sich daher gut für die Brennholznutzung. Allerdings könnte es auch sein, dass die hiesigen Stühbüsche kein Ausdruck einer geplanten Nutzung sind, sondern das Ergebnis einer ungeplanten Übernutzung aufgrund von Brennholzmangel. Nach Beendigung der Nutzung im 20. Jahrhundert konnten die Stühbüsche dann zu stattlichen Baumgruppen heranwachsen.

Schließlich erreichen Sie einen Aussichtspunkt mit Geländer, von dem Sie einen sehr schönen Blick in den Totengrund ❺ (km 9,6, ☞ Tour 14, S. 92) hinein haben.

Vom Totengrundblick aus gehen Sie nicht den Weg hinunter Richtung Volkwardingen, sondern auf einem kleinen Weg an der Kante entlang Richtung Haverbeck. Auf Ihrem Weg zur Kante kommen Sie noch einmal an einem großen Stühbusch rechts des Weges vorbei. Der kleine Weg bringt Sie hinab in den Steingrund. Unten stoßen Sie auf einen Querweg (km 10,8), dem Sie nach rechts folgen. Sie überqueren einen Teerweg (km 11,4) geradeaus. Hier steht auf der linken Seite eine Walking-Tafel. Sie wandern nun einen kleinen Waldweg entlang.

Nach 400 m erreichen Sie eine T-Kreuzung.

Blick vom Wilseder Berg

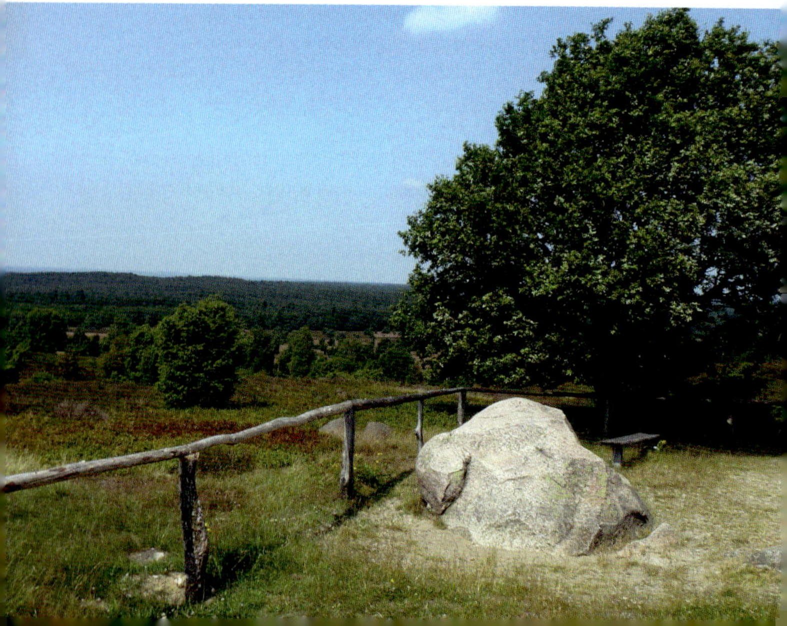

✎ Ab hier folgen Sie dem Heidschnuckenweg (H) nach links.

Nach 100 m biegen Sie halb rechts ab und erklimmen den höchsten Berg der Heide. 300 m vor der Kuppe passieren Sie eine Schutzhütte (km 12,6) auf der rechten Wegseite, dann überqueren Sie den ❀ Wilseder Berg ❻ (☞ Tour 10, S. 67) geradeaus. Nach einigen Metern bergab kommen Sie an eine Kreuzung (km 13), an der Sie nach rechts Richtung Undeloh durch die Heide weiterwandern.

✎ An dieser Kreuzung verlassen Sie den Heidschnuckenweg wieder und folgen nicht mehr dem „H".

Sie steigen vom Wilseder Berg ab, machen einen Bogen nach rechts in östliche Richtung und erreichen an einer Kreuzung einen Eichenwald (km 14,2). Hier gehen Sie geradeaus weiter. Sie wandern nun im Wald, haben aber nach links einen schönen Heideblick. Achten Sie auf diesem Wegstück mal auf einen kleinen Wall auf Ihrer rechten Seite. Das ist die Begrenzung des alten königlichen Waldes Hainköpen (☞ Tour 10, S. 66).

Am Ende des Waldes stoßen Sie auf eine Kreuzung (km 15,2), an der Sie nach links in die ❀ Undeloher Heide hineinwandern. Dabei folgen Sie einer alten Salzstraße von Lüneburg Richtung Undeloh.

Kurz bevor Sie wieder in einen Wald kommen, nehmen Sie einen kleinen Pfad (km 15,6, Nordic-Walking-Weg 13M), der sich nach rechts vom Kutschenweg entfernt. Ein Findling weist mit der Aufschrift „Parkplatz Undeloh" auch schon auf den Start- und Zielpunkt dieser Wanderung hin.

Sie passieren eine Bank mit einem schönen Abschiedsblick ❼ in die Heide und folgen dann dem Nordic-Walking-Weg 13M in den Fichtenhochwald hinein (km 16). Sie wandern das letzte Stückchen nun durch Wald, kreuzen einen Sandweg (km 16,8) schräg geradeaus Richtung Parkplatz Undeloh und sehen dann bald den Parkplatz vor sich (km 17,2).

⑫ Schneverdingen

Wanderung für Natur- und Heideliebhaber

Auf dieser einfachen Wanderung lernen Sie die bezaubernde Heide nördlich von Schneverdingen kennen. Ein großer Teil des Weges führt durch Heideflächen mit schönen An- und Ausblicken. Sie passieren einen Schafstall und haben gute Chancen, hier eine der typischen Heidschnuckenherden zu treffen. Kunstliebhaberinnen und -liebhaber können sich über das am Weg liegende Atelier de Bruycker und Kuchenfans über das Café im umgebauten Schafstall freuen.

- Start/Ziel: Parkplatz am Heidegarten, GPS N 53°7.776' E 009°47.855'
- 6,2 km
- 2 Std.
- 63 m/63 m
- 78-125 m
- Nordic-Walking-Weg 33M
- nur unbefestigte oder verdichtete Feld- und Waldwege
- Café in einem ehemaligen Schafstall (km 0,1), Abzweig zu einem Kiosk/Café (von km 0,7 ca. 200 m entfernt)
- viele Sitzbänke und Möglichkeiten zum Ausruhen
- WC am Schafstall-Café sowie am Kiosk

Blick in die Schneverdinger Heide

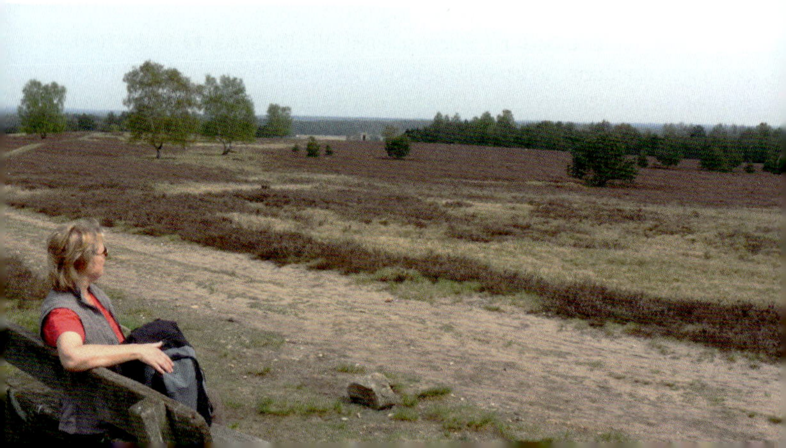

Es besteht die Chance, eine echte Schnuckenherde zu sehen.

vom Parkplatz bis etwa zum Schafstall (km 1) gut für Buggys und Rollatoren geeignet, danach mehrfach sehr sandige Wegabschnitte

Leinenpflicht, kein Trinkwasser

P Parkplatz am Heidegarten, Overbeckstraße, Schneverdingen: bergauf, bis rechts der Parkplatz und links der Heidegarten auftauchen

Heidegarten

Im Schneverdinger Heidegarten können Sie 150 verschiedene Heidearten mit mehr als 150.000 Einzelpflanzen bewundern. Durch die vielen verschiedenen Arten blüht die Heide hier zu jeder Jahreszeit. Den Garten mit seinem Rondell und den bunten Heideblüten können Sie von einem kleinen Aussichtsturm aus gut überblicken.

Vom Parkplatz aus gehen Sie zunächst nach rechts und erreichen nach knapp 100 m einen ehemaligen, zum Café umgebauten Schafstall (Öffnungszeiten variieren).

Sie wandern geradeaus daran vorbei in die Heidefläche. An einer Wegspinne (km 0,4) nehmen Sie den großen Weg geradeaus. Rechts neben dem Weg verläuft eine Kutschenspur. 300 m weiter erreichen Sie das ⌘ Atelier de Bruycker.

Atelier de Bruycker

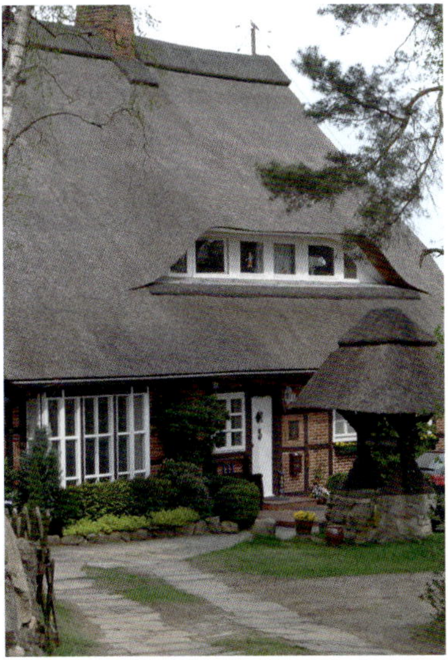

⌘ Atelier de Bruycker

Der Hamburger Maler Allda-Eugen de Bruycker (1901-1981) zog 1937 in dieses schöne, reetgedeckte Haus mit einer wunderbaren Aussicht auf die Heide am Höpenberg. Er stammte aus einer Künstlerfamilie und arbeitete zunächst zusammen mit seinem Vater an Aufträgen von Reedereien und Werften, später als Bühnenbildner. Während und nach dem Zweiten

Weltkrieg wandte er sich mehr und mehr der Landschaftsmalerei zu. Auch politische und fantastische Gemälde gehörten zu seinem Repertoire.

Im Atelier werden heute Gemälde ausgestellt und Musikabende veranstaltet.

♦ **Atelier de Bruycker**, Landhaus Höpenberg, 29640 Schneverdingen, ☏ 051 93/68 19, kontakt@atelier-de-bruycker.de, www.atelier-de-bruycker.de, Gemäldeausstellung 10:00-12:00 und 14:00-18:00, € 2

Hier können Sie nach rechts zum Café/Kiosk abbiegen. Vom Parkplatz Heidegarten zum Kiosk und wieder zurück sind es 2 km.

Heide-Kiosk, Harburger Straße 99, 29640 Schneverdingen, 01 71/305 86 06, im Aufbau

Geradeaus am Atelier vorbei kommen Sie zu einem Schafstall ❶ (km 1), der ganz idyllisch aussieht und tatsächlich immer noch als Schafstall genutzt wird. Wenn Sie Glück haben, sehen Sie auch eine Heidschnuckenherde. Die Tiere werden zwischen Ostern und Oktober normalerweise um 10:30 heraus- und um 17:00 hineingetrieben.

Schafstall

Die Baumaterialien des Schafstalls sind typisch für die Heide: Ganz unten finden Sie ein Feldsteinfundament, das die hölzernen Aufbauten vor Bodenfeuchte schützt. Das Dach besteht heutzutage aus Reet, was aber dem früher meistens verwendeten Roggenstroh sehr ähnlich ist. Der First ist mit Heidekraut abgedeckt, damit kein Wasser in die hohlen Reethalme eindringen kann.

An der nächsten Kreuzung hinter dem Schafstall wenden Sie sich nach rechts und gehen auf einem sehr sandigen Weg auf die Unterführung (km 1,2) zu. 100 m hinter der Unterführung zweigen Sie nach links vom Hauptweg ab und folgen immer weiter dem Nordic-Walking-Weg 33M.

An der Gabelung 100 m weiter nehmen Sie den Sand-Gras-Weg halb links. Bei einem Gebäude (km 2,6) wird der Weg schmaler und kurvig und führt Sie als Pfad durch einen Birken-Kiefern-Wald zu einem Hauptweg (km 2,7), auf dem Sie nach rechts (= Nordic-Walking 33M) weiterwandern. Von dieser Stelle aus nach links geht es zu einem Hochseilgarten, dahinter liegt dann das Camp Reinsehlen.

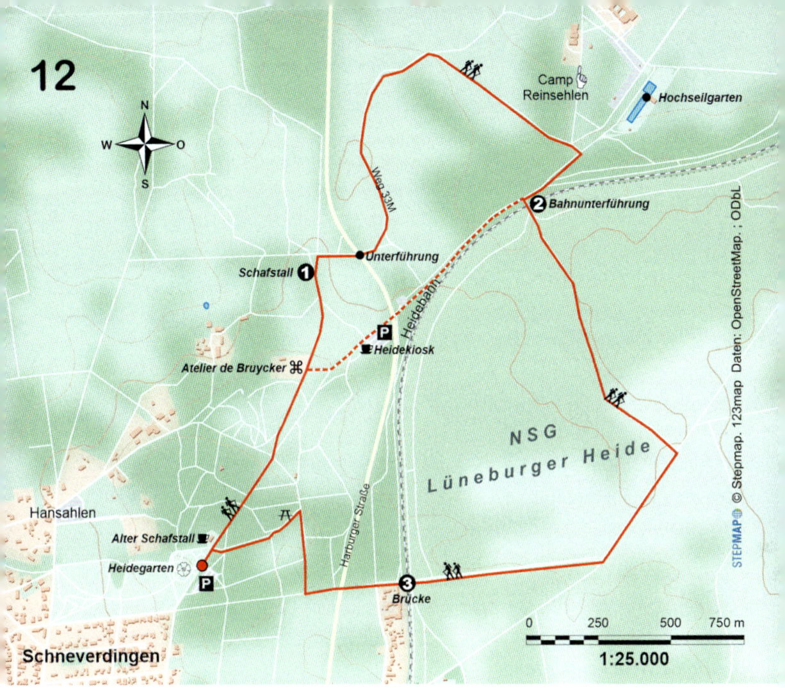

Camp Reinsehlen

Das Camp Reinsehlen geht auf einen 1938 erbauten Militärflugplatz namens Posemuckel zurück. Nach dem Zweiten Weltkrieg wurde das Gelände als Flüchtlingslager, danach als Hauptquartier für die britische Armee genutzt. Heute betreibt die Alfred Toepfer Akademie für Naturschutz hier ein Zentrum für Kunst und Naturschutz.

Nach rechts erreichen Sie einen Unterstand mit Karte (km 3). Hier unterqueren Sie nach links die Bahn ❷ und gehen anschließend bergauf.

Wenn Sie 1,5 km abkürzen möchten, dann können Sie an dieser Stelle geradeaus gehen und nicht die Bahn unterqueren. Nach 700 m erreichen Sie den Kiosk und sind nach insgesamt 1 km wieder am Parkplatz Heidegarten angelangt.

300 m hinter der Unterführung erreichen Sie eine Kuppe und gehen geradeaus weiter. Sie stoßen wieder auf Heidefläche und auf einen größeren Querweg

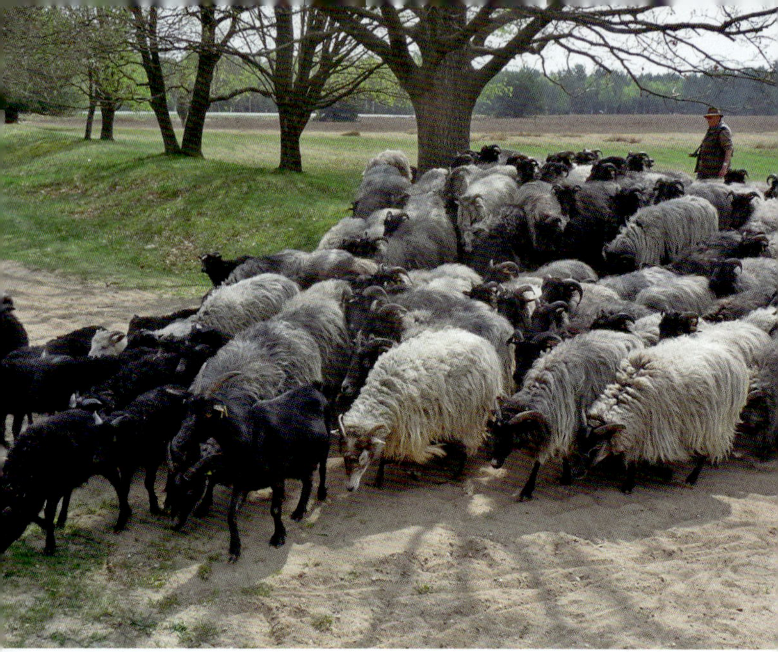

Heidschnuckenherde

(km 4), dem Sie nach rechts folgen. Linker Hand begleitet eine Kutschenspur den Weg. Nach 500 m folgen Sie dem Nordic-Walking-Weg 33M nach rechts. Die Kutschenspur ist jetzt auf Ihrer rechten Seite.

Sie überqueren über eine Brücke die Bahnlinie ❸ (km 5,2). Hinter der Heidebahn liegen links Wohnhäuser. Sie gehen am Ortsschild vorbei auf die Straße zu und überqueren sie geradeaus (km 5,4). 100 m weiter biegen Sie nach rechts ab. An einer Heidefläche vorbei wandern Sie geradeaus in den Kiefernwald hinein und biegen an einer Bank auf der linken Seite nach links auf einen Pfad ab. Sie passieren einen ⛼ Picknickplatz mit Köhlerhütte (km 5,9) und erreichen den Heidegarten. Links herüber liegt der Parkplatz, der Ausgangspunkt der Wanderung (km 6,2).

⑬ Haverbeckhof

Spaziergang für Liebhaberinnen und Liebhaber von Heide und Kuchen

Die Heiderunde am Haverbeckhof ist etwas für Genießerinnen und Genießer, die nach einem frühen Mittagessen und vor einem abschließenden Kaffeetrinken einen schönen Einblick in die Heide bekommen möchten. Im langsamen Tempo – schließlich ist die Landschaft bewundernswert – brauchen Sie für diesen Spaziergang etwa 2 Std. Da ein Teil des Weges sehr sandig ist, sollten Sie trotz allem einigermaßen feste Schuhe tragen.

Start/Ziel: Parkplatz Haverbeckhof, GPS N 53°8.938' E 009°54.492'; alternativ ab Parkplatz Niederhaverbeck, GPS N 53°9.050' E 009°54.470' (dann ist der Weg 500 m länger)

5,5 km

1 Std. 30 Min. bis 2 Std.

74 m/74 m

80-118 m

Rundwanderweg Niederhaverbeck (N3) (km 0-km 3,7), Lila Krönung (gelber Pfeil mit schwarzem Rand) (km 3,5-km 5,5)

nur unbefestigte oder verdichtete Feld- und Waldwege oder Fußpfade, teils sehr sandig

Haverbeckhof am Start/Ziel

einige Bänke zum Ausruhen, Bank-Tisch-Kombination (km 3,7)

keine Besonderheiten

sehr sandige Wegabschnitte, Bohlenweg im Bereich der Ringwallanlage und zur Überquerung der Haverbeeke

Leinenpflicht im Naturschutzgebiet

Parkplatz Niederhaverbeck; Parkplatz Haverbeckhof, Niederhaverbeck 2, Bispingen

Vom Parkplatz Niederhaverbeck aus gehen Sie nach links und überqueren die Landstraße. Vom Parkplatz Haverbeckhof aus (km 0) gehen Sie nach rechts.

Haverbeckhof, Niederhaverbeck 2, 29646 Bispingen, ☏ 051 98/989 80, www.haverbeckhof.de, tgl. 12:00-20:30, Nov-März Mo + Di Ruhetag, So nur 12:00-18:00

In beiden Fällen biegen Sie hinter dem Haverbeckhof nach rechts Richtung Schneverdingen und hinter dem Teich noch einmal halb rechts ab (km 0,2). Sie passieren auf einem gepflasterten Weg einen reetgedeckten Schuppen.

Ca. 100 m bevor der Pflasterweg in einen Sand-Gras-Weg übergeht (10 m vor einer Holzbank ohne Lehne, km 0,7), biegen Sie nach rechts ab (= Rundwanderweg Niederhaverbeck N3).

Sie wandern nun durch die sehr schöne ✿ Niederhaverbecker Heide mit Aufwuchs von Eichen, Birken und Wacholder. Linker Hand liegen auch ganz gut erkennbar eine (inzwischen bewachsene) Düne und ein Bienenzaun ❶ (km 1,1). Sie wechseln von Heidefläche zu Trockenrasen und erreichen einen Waldrand (km 1,4), an dem Sie nach links abbiegen. Der Weg schlängelt sich durch den Wald und trifft wieder auf eine Heidefläche (km 1,7). Sie gehen nach rechts (Heide links, Wald rechts), erreichen eine Schotterstraße (km 1,9) und folgen dem Weg N3 nach links in die Heide hinein. Sie haben bald Wald auf Ihrer rechten Seite. Bevor der Weg ganz in den Wald hineinführt, biegen Sie nach links auf einen Pfad ab (km 2,7).

Kurz vor einem Bohlenweg taucht ein Schild mit der Aufschrift „Ufos in der Heide" auf ❷ (km 3,2).

Bienenzaun in der Niederhaverbecker Heide

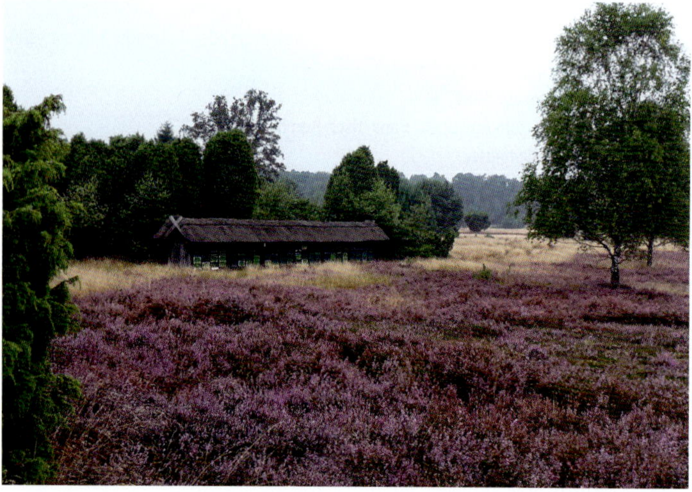

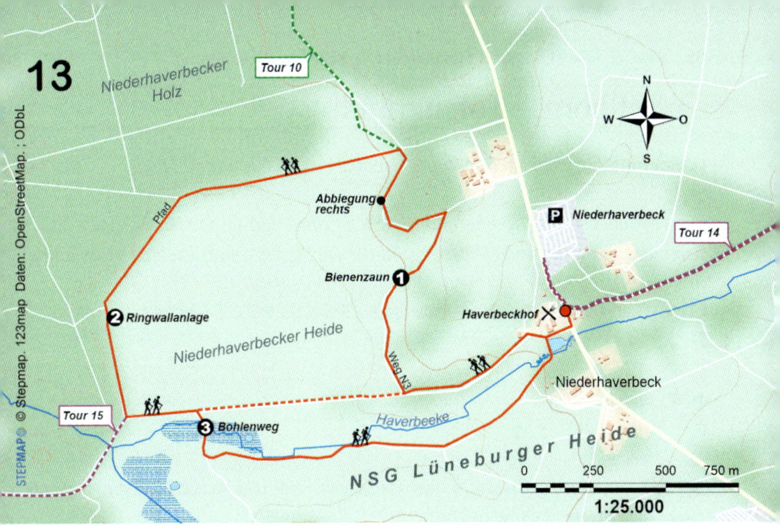

Ringwallanlage

Im Luftbild oder in Google Earth können Sie diese ringförmige Struktur gut erkennen, aber vom Boden aus ist der Überblick naturgemäß eingeschränkt. Es soll sich bei dieser Ringwallanlage um eine mittelalterliche Zollstation gehandelt haben. Heutzutage gibt es hier Wanderstempel.

Geradeaus weiter erreichen Sie eine Kreuzung (km 3,5), an der Sie dem breiten Weg nach links Richtung Niederhaverbeck folgen. Nach 200 m biegen Sie nach rechts ab.

↳ Sie könnten auch geradeaus dem Rundwanderweg Niederhaverbeck (N3) folgend Niederhaverbeck erreichen und dadurch 300 m Weg einsparen.

✎ Rechts folgen Sie dem Wanderweg Lila Krönung (gelber Pfeil mit schwarzem Rand).

Die Haverbeeke überqueren Sie auf einem Bohlenweg ❸ und spazieren dann immer am Rand der Aue entlang. Am Teich, den Sie vom Start her schon kennen, treffen Sie wieder in Niederhaverbeck ein (km 5,5).

14 Sellhorn – Totengrund

Wanderung für Liebhaberinnen und Liebhaber von Natur und Heide

Die Heideflächen im Totengrund, im Steingrund und in der Haverbecker Heide sowie das Heidedörfchen Wilsede sind die Highlights dieser leichten Wanderung.

- Start/Ziel: Parkplatz Niederhaverbeck, GPS N 53°9.050' E 009°54.470'
- 14,9 km
- 4,5 Std.
- 199 m/199 m
- 94-158 m
- keine
- überwiegend unbefestigte oder verdichtete Feld- und Waldwege, manchmal sehr sandig, am Start/Ziel befestigt
- mehrere Einkehrmöglichkeiten in Wilsede (km 5)
- einige Bänke zum Ausruhen, Picknickplatz mit Blick in den Totengrund (km 6,4)
- keine Besonderheiten
- einige sehr sandige Wegabschnitte, Kaiser-Wilhelm-Weg zu schmal für Buggys und grasbewachsen
- Leinenpflicht im Naturschutzgebiet, kein Trinkwasser
- am Start/Ziel, alternative Startmöglichkeit: vom Parkplatz Niederhaverbeck (s. o.) per Kutsche (☞ Reise-Infos) nach Wilsede

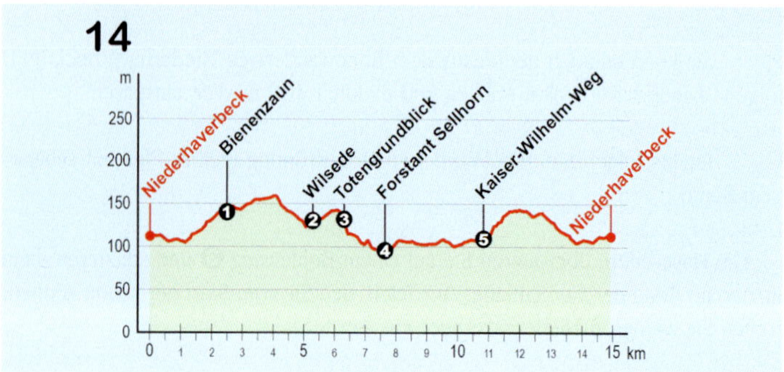

14

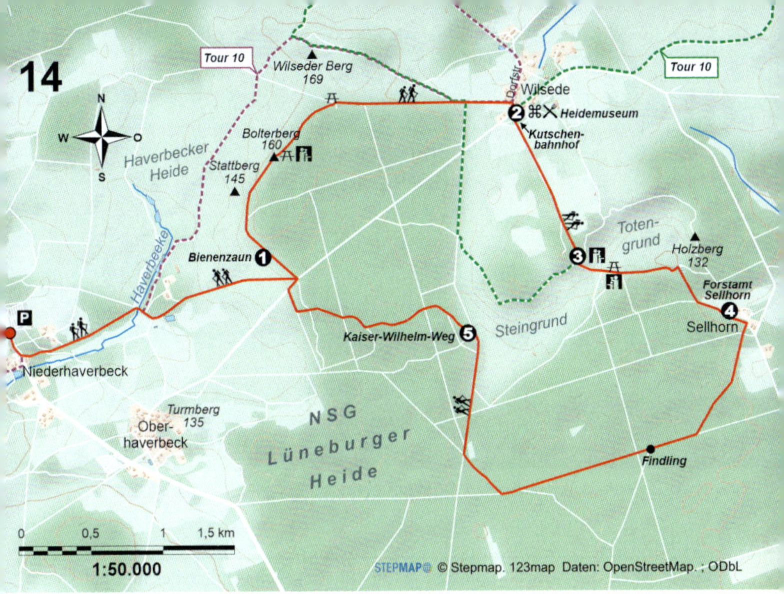

Sie gehen vom Parkplatz in Niederhaverbeck nach links an der Hauptstraße entlang und biegen nach 200 m kurz vor dem Haverbeckhof nach links ab Richtung Eickhof und Wilseder Berg. Wenn Sie nach einer Rechtskurve die Haverbeeke überquert haben, bleiben Sie auf dem Weg geradeaus Richtung Wilsede bis zu einem Waldrand (km 2,3). Hier wandern Sie weiter nach links am Waldrand entlang.

Nach links überblicken Sie die Haverbecker Heide und erreichen bei ca. km 2,6 einen Bienenzaun ❶. Sie folgen weiter dem Waldrand, bis Sie der Weg in die Heide hinein- (km 3,2) und auf den 160 m hohen Bolterberg hinaufführt.

Auf dem Bolterberg haben Sie einen wunderschönen Blick auf die Heide und den Wilseder Berg. Zum Glück wurde einer gewissen Inge im Juli 2008 just an dieser Stelle eine Bank geschenkt. Ein Geschenk mit Weitblick!

Sie gehen weiter am Heide-Wald-Rand entlang bis zu einem Querweg bei zwei Bänken (km 3,8). Hier biegen Sie nach rechts ab und wandern nun geradeaus nach Wilsede (mehr dazu: ☞ Tour 10, Wilsede, S. 66). Links liegt stark mit Wacholder bewachsene Heide und rechts Wald. Kurz vor Wilsede baut der Verein Naturschutzpark entlang einer schönen Eichenallee die heidetypischen Feldfrüchte Roggen, Rauhhafer und Buchweizen an.

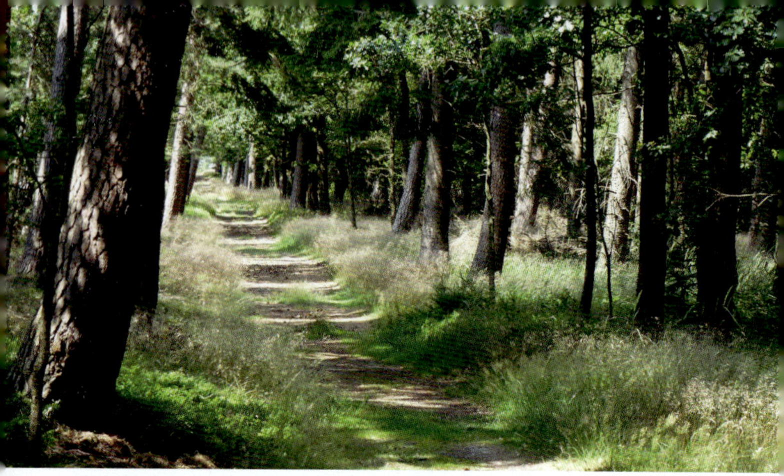

Weg zwischen Wilsede und Oberhaverbeck

Ackerbau

In der Mitte des 19. Jahrhunderts hatte ein typischer Heidebauernhof auf knapp 10 % seiner Fläche Ackerland. Hier wurden vor allem Roggen und Buchweizen angebaut. Garten, Wiesen, Wald und Moor machten 8 % der Fläche aus und unglaubliche 82 % der Hoffläche bestanden aus Heide.

Roggen wurde als wichtigste Feldfrucht mehrere Jahre hintereinander angebaut. Ging der Ertrag zurück, wechselte man zu Rauhhafer oder Buchweizen. Schließlich ließ man das Ackerstück für einige Zeit unbearbeitet, und danach begann mit einer Düngung aus Mist und Plaggen der Zyklus erneut.

Roggen

Roggen stammt aus Vorder- und Innerasien und wird seit etwa 800 v. Chr. in Norddeutschland angebaut.

Die älteren Roggensorten wurden bis zu 2 m hoch, sodass ihr Stroh zum Dachdecken benutzt werden konnte. Die Körner, etwa 40 bis 50 Stück pro Pflanze, sitzen in einer Ähre und haben kurze Grannen. Roggen ist anspruchslos, resistent gegen Kälte und wächst auch auf sandigen Böden noch gut. Er war früher daher das wichtigste Brotgetreide.

Buchweizen

Auch wenn das Wörtchen Weizen im Namen steckt: Buchweizen ist keine Weizenabart und gehört auch nicht zu den Gräsern wie die anderen Getreidesorten, sondern zu den Knöterichgewächsen, zu denen auch der Sauerampfer gezählt wird. Der Name leitet sich von den kastanienbraunen, dreikantigen Früchten ab, die eine ähnliche Form wie Bucheckern haben.

Buchweizen wird Mitte Mai ausgesät. Die kälteempfindliche, ansonsten aber sehr anspruchslose Pflanze wird 40 bis 60 cm hoch. Geerntet werden die Früchte, die durch ihren Gehalt an Aminosäuren, Vitaminen und Mineralstoffen ein hochwertiges Nahrungsmittel darstellen.

Typischerweise werden Pfannkuchen oder Torten aus Buchweizen hergestellt. Zum Brotbacken ist Buchweizenmehl ungeeignet, da es kein Gluten (Kleber) enthält.

Rauhhafer

Der Rauhhafer, auch Rau-Hafer oder Strand-Hafer genannt, hat seinen Namen den 2 bis 3,5 cm langen Grannen zu verdanken. Er ist ein enger Verwandter des häufiger angebauten Saathafers.

Rauhhafer wurde früher kultiviert, findet sich heute aber nur noch als eher seltenes Ackerunkraut. Er ist anspruchsloser als der Saathafer, dafür aber auch weniger ertragreich. Die Körner sind spindelförmig, tief gefurcht und sitzen in Rispen.

Hafer ist durch einen hohen Anteil an lebenswichtigen Aminosäuren und ungesättigten Fettsäuren biologisch gesehen hochwertiger als Weizen, Roggen oder Gerste. Wegen seines hohen Fettgehaltes diente er als Futter für Pferde und Geflügel und war als Hafergrütze lange Zeit ein Hauptnahrungsmittel. Zur Brotherstellung ist er weniger geeignet, da die Körner kaum Klebeeigenschaften haben.

Plaggenwirtschaft

Plaggen sind kleine, 3 bis 10 cm dicke Stücke des Oberbodens, die Heidepflanzen inklusive der Wurzeln und Bodenmaterial enthalten. Sie wurden früher zunächst von den Heideflächen heruntergeschält, als Stallstreu verwendet und dann zusammen mit dem Dung der Tiere als Düngung auf die Felder gebracht.

Der Gewinnung des Plaggendüngers war so aufwendig, dass auf den Heidehöfen etwa die Hälfte der Arbeitszeit dafür verbraucht wurde.

Die Flächen waren kurz nach dem Abplaggen ohne schützende Pflanzendecke und daher der Winderosion ausgeliefert. Es entstanden Verwehungen und Dünen. In der Spätzeit der Heidewirtschaft war vermutlich nur noch etwa ein Drittel der Heideflächen als Schafweiden geeignet, der Rest war mehr oder weniger durch die Plaggengewinnung verwüstet und bestand aus teilweise offenen Sandflächen.

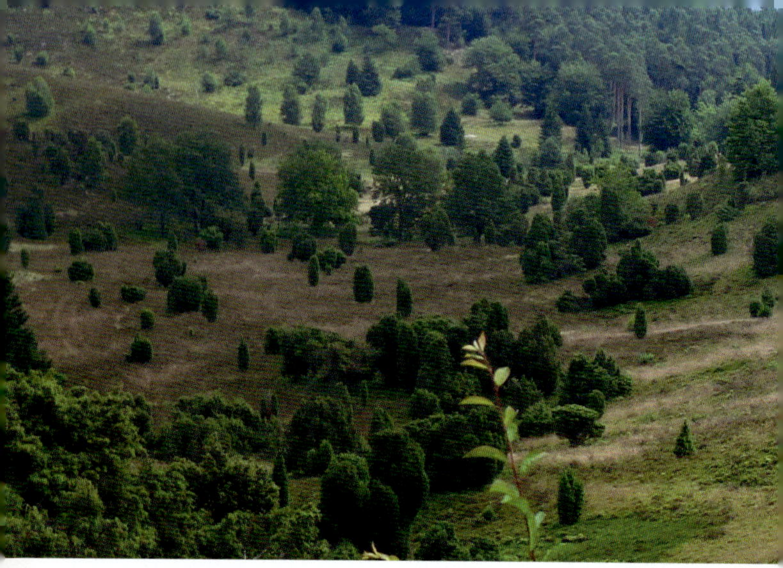

Blick in den Totengrund

Sie stoßen am Heidemuseum auf die Dorfstraße in Wilsede ❷ (km 5).

⌘ **Heidemuseum Dat ole Huus**, Wilsede 3A, 29646 Bispingen, ☏ 041 75/80 29-33, 💻 www.lueneburger-heide.de/service/sehenswuerdigkeit/207/dat-ole-huus-heimat-museum.html, 🚪 Mai-Okt 10:00-16:00

✕ **Zum Heidemuseum**, Wilsede 9, 29646 Bispingen, ☏ 041 75/217, 💻 www.zum-heidemuseum.eu, 🚪 saisonal und wetterbedingt unterschiedlich, aktuelle Öffnungszeiten: ☞ Internetseite

♦ weitere Einkehrmöglichkeiten in Wilsede: ☞ Tour 10, S. 66

Sie gehen knapp 100 m nach rechts, überqueren die Straße und wandern am linker Hand gelegenen Kutschenbahnhof vorbei, passieren dann ein Stück Ackerland und wandern anschließend durch einen Buchenwald.

Schließlich erreichen Sie einen Aussichtspunkt mit Geländer, von dem Sie einen sehr schönen Blick in den ✿ Totengrund ❸ (km 6,2) hinein haben.

Totengrund

Der Totengrund ist einer der landschaftlichen Höhepunkte der Lüneburger Heide und gleichzeitig – zusammen mit dem Wilseder Berg – der Ursprung des Natur-

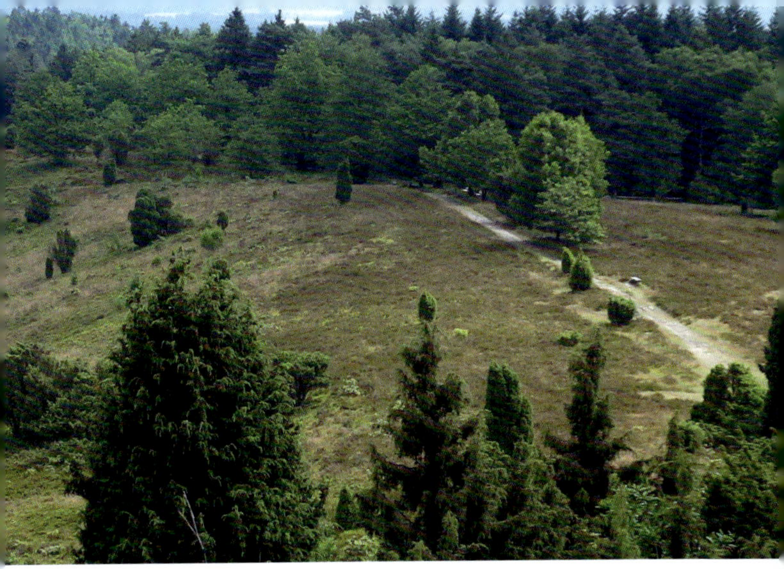

schutzgebietes Lüneburger Heide. 1905 gab es Pläne, im Totengrund Villen und Wochenendhäuser zu erbauen. Pastor Wilhelm Bode aus Egestorf konnte rechtzeitig Prof. Andreas Thomsen aus Münster davon überzeugen, Mittel für den Kauf der Flächen bereitzustellen. Der Totengrund konnte damit vor dem Zugriff der Grundstücksspekulierenden geschützt werden. Aber auch die Heideflächen am Wilseder Berg waren bedroht. Sie sollten aufgeforstet werden. 1909 wurde in München der Verein Naturschutzpark gegründet, der die Schutzidee aufnahm und den Hof Wilsede, zu dem der Wilseder Berg gehörte, kaufte. Die damals neue Idee, Landschaft zu schützen, wurde von illustren und bekannten Persönlichkeiten unterstützt, z. B. von Hermann Hesse, Thomas Mann, Gerhart Hauptmann, Hermann Löns, Bertha von Suttner oder den Königen von Sachsen und Württemberg, die alle Mitglieder des Vereins Naturschutzpark wurden. Bis zum heutigen Tage widmet sich der Verein der arbeitsintensiven Aufgabe, die Heidelandschaft zu bewahren.

Geografisch gesehen ist der Totengrund der Talschluss eines Trockentales. Während und kurz nach der Eiszeit war der Boden hier dauerhaft gefroren (Permafrost). Das Schmelz- und Regenwasser konnte damals nicht, wie heute, im Untergrund versickern, sondern floss oberirdisch ab. Durch Erosion fraß sich der eiszeitliche Bach rückwärts in den Hang hinein und erschuf diesen halbkreisförmigen Talschluss.

Vom Totengrundblick aus gehen Sie den Weg hinunter Richtung Volkwardingen.

Sie wandern am südlichen Rand des Totengrundes entlang, passieren einen Picknickplatz (km 6,4) mit schönem Ausblick auf die Heide und steigen dann recht steil ins Tal hinab. Unten im Tal folgen Sie nach rechts einem Weg bis zu einer Kreuzung, an der Sie links weiter bis zum Forstamt Sellhorn ❹ wandern (km 7,6).

Am Forstamt folgen Sie den Wegweisern Richtung Behringen und Niederhaverbeck und gehen durch Wald auf einem schönen, feinschotterigen Weg nach Süden. Nach 800 m stößt in einer Rechtskurve ein Weg von links dazu. Sie folgen dem Weg durch die Rechtskurve weiter Richtung Behringen und Oberhaverbeck. 400 m weiter, an einem Abzweig nach links, liegt ein dicker Findling (km 8,8). Hier und an der nächsten Kreuzung wandern Sie geradeaus weiter. Sie treffen auf einen Reit- und Fahrweg, der nach rechts abgeht (km 9,8). Sie nehmen den Weg parallel dazu nach rechts Richtung Oberhaverbeck. 400 m weiter biegen Sie erneut rechts ab, diesmal Richtung Steingrund/Totengrund. An der Gabelung (km 10,3) nehmen Sie die rechte Möglichkeit und überqueren die nächste Kreuzung (km 10,5) geradeaus Richtung Wilsede.

Jetzt wandern Sie durch die Heidefläche im Steingrund. Hinter einer leichten Linkskurve biegen Sie nach links vom Hauptweg auf den Kaiser-Wilhelm-Weg ❺ Richtung Oberhaverbeck ab (km 11,1).

Der Kaiser-Wilhelm-Weg ist erst ein Fußweg und weitet sich dann zum Waldweg, der z. T. stark mit Gras bewachsen ist. Sie folgen den Wegweisern Richtung Haverbeck und stoßen von einem Grasweg kommend auf einen Waldweg mit zwei deutlichen Fahrspuren (km 11,9). Hier biegen Sie rechts ab. Wenn der bessere Weg eine Rechtskurve macht, gehen Sie dem F-Zeichen folgend geradeaus Richtung Oberhaverbeck (km 12,1). Nachdem Sie einen Fahrweg geradeaus überquert haben, erreichen Sie den Rand der Haverbecker Heide (km 12,5).

Sie folgen nun dem „F“ nach rechts, stoßen auf einen gepflasterten Weg und biegen auch hier nach rechts ab. Am Waldrand (km 12,7) erreichen Sie wieder den Weg, den Sie schon kennen und der Sie nach links zum Start- und Zielpunkt, dem Parkplatz in Niederhaverbeck (km 14,9), bringt.

⑮ Lila Krönung 1: Schneverdingen – Wilsede

Wanderung für Liebhaberinnen und Liebhaber von Natur und Heide

Auf knapp 10 km des insgesamt 15,8 km langen Wanderweges wandern Sie durch die wunderschönen Heideflächen der Schneverdinger Osterheide, der Haverbecker und der Wilseder Heide. Außerdem überqueren Sie den Wilseder Berg, sehen Schafställe und Bienenzäune und erreichen schließlich das malerische Heidedörfchen Wilsede. Von dort startet die zweite Etappe der Streckenwanderung („Lila Krönung 2", siehe S. 101, die Sie bis nach Soderstorf bringt. Über die dritte Etappe („Lila Krönung 3", siehe S. 139) erreichen Sie Amelinghausen.

→ Start: Bahnhof Schneverdingen, GPS N 53°6.634' E 009°47.932';
Ziel: Wilsede, GPS N 53°9.845' E 009°57.658' (von dort evtl. per Kutsche weiter zum unten genannten Parkplatz)

⊃ 15,8 km

⧗ 4 Std. 30 Min.

↑↓ 165 m/130 m

⇧ 81-169 m

Osterheide bei Schneverdingen

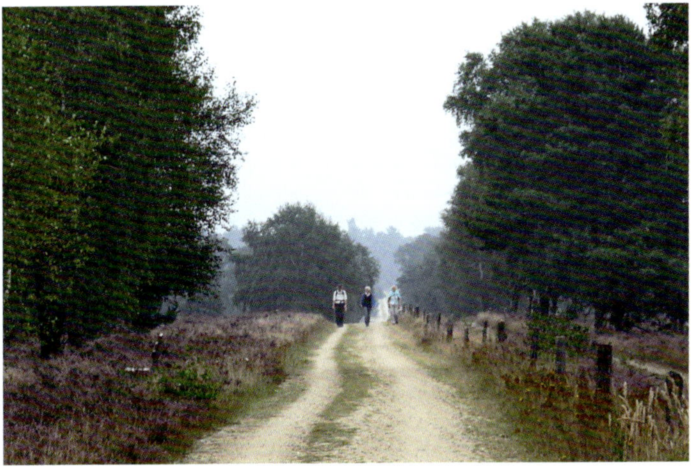

gelber Pfeil mit schwarzem Rand, grüne Wegweiser

fast nur unbefestigte oder verdichtete Feld- und Waldwege, manchmal sehr sandig, kurze Strecken in Ortslagen befestigte Wege

mehrere Einkehrmöglichkeiten am Start in Schneverdingen (km 0), Haverbeckhof (km 10,8), Eickhof (km 11,2), mehrere Einkehrmöglichkeiten in Wilsede (km 15,8)

viele Bänke zum Ausruhen, Tisch-Bank-Kombination inmitten der Heide (km 9,3), Wilseder Berg mit schönem Heideblick (km 14,3), Schutzhütte (km 14,5)

keine Besonderheiten

kurzer Bohlenweg bei km 9,3, dahinter bis Niederhaverbeck teils grasbewachsen, kurze Wegstrecken sehr sandig

Leinenpflicht im Naturschutzgebiet, kein Trinkwasser

in Schneverdingen Parken am Straßenrand möglich; Parkplatz Niederhaverbeck, Niederhaverbeck 2, Bispingen, GPS N 53°9.050' E 009°54.470'

Der Bahnhof Schneverdingen wird mehrmals täglich angefahren.

Von Wilsede aus können Sie per Kutsche nach Niederhaverbeck und von dort mit dem Heide-Shuttle Ring 1 nach Schneverdingen zurückfahren.

Vom Bahnhof Schneverdingen aus gehen Sie zur Bahnhofsstraße und dort nach rechts auf einem Fußgängerweg weiter. Nach etwa 500 m überqueren Sie die Straße an einem Zebrastreifen und nehmen die kleine Straße nach rechts. Dann biegen Sie nach links ab Richtung Osterheide und zur Eine-Welt-Kirche ❶ (km 1,1).

Eine-Welt-Kirche

Die Eine-Welt-Kirche (S. 100) wurde im Rahmen der Expo 2000 in einer Brettstapeltechnik erbaut, größtenteils aus heimischem Holz. Verantwortlich für die weltumspannende Symbolik ist der Eine-Erde-Altar im Inneren, der 7.000 Bodenproben aus aller Welt enthält, die in „Büchern" aus Acrylglas in einer Art Bücherregal präsentiert werden.

Über die Internetseite www.eine-erde-altar.org können Sie recherchieren, woher die einzelnen Proben stammen.

Hinter der Kirche gehen Sie nach rechts bis zu einem Wendehammer und dort nach links in den Wald hinein (km 1,3). Sie folgen dem Weg geradeaus durch Wald bis zu einer T-Kreuzung (km 1,8). Dort wenden Sie sich nach rechts und wandern durch lichten Birken-Kiefern-Wald zum Bockheberer Weg und in die Heidefläche ins Naturschutzgebiet hinein.

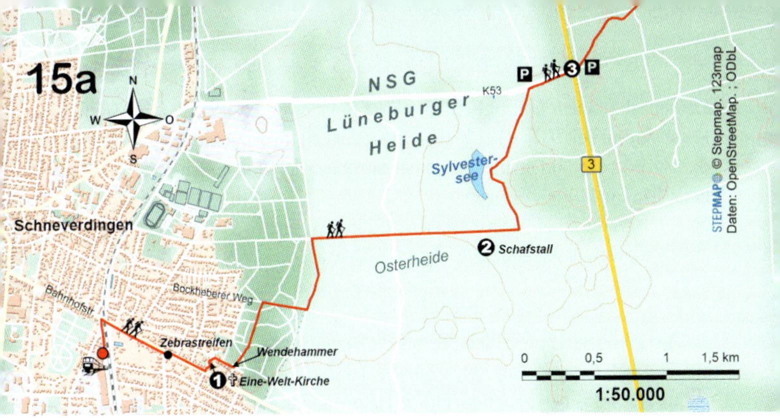

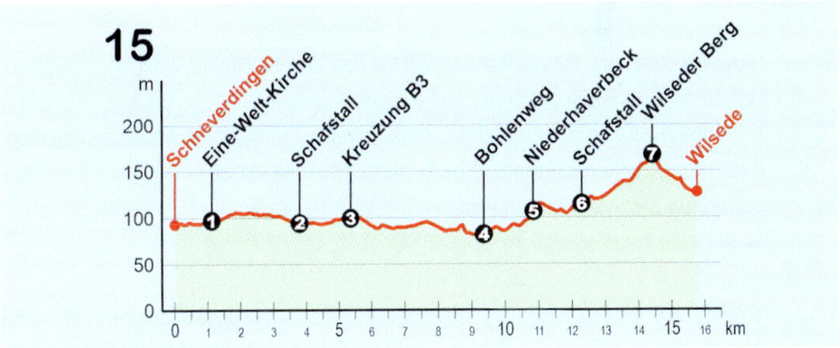

An der nächsten Kreuzung wandern Sie nach links Richtung Niederhaverbeck (km 2,1). Auf Ihrer rechten Seite haben Sie jetzt eine schon recht zugewachsene Heidefläche. Sie überqueren einen Kutschenweg (km 2,6) und gehen nach rechts parallel zu ihm durch die ❀ Osterheide. Sie passieren einen Schafstall mit Reetdach ❷ auf der rechten Seite (km 3,8) und biegen gut 200 m dahinter nach links vom Weg ab. An dieser Stelle werden Sie auf Pflanzen hingewiesen, die per Anhalter unterwegs sind.

Sie kommen an einem See vorbei (km 4,5) und stoßen auf eine Straße (= K53) mit P Parkplatz (km 5,1). Die Lila Krönung biegt kurz vor der Straße nach rechts ab. Sie begleiten die Straße ein Stück, überqueren an der Kreuzung K53/B3 die B3 an einem P Parkplatz ❸ (km 5,4) und folgen dem Wegweiser nach Niederhaverbeck („5,5 km").

Den Wegzeichen folgend wandern Sie durch Wald und stoßen nach einer Linkskurve wieder auf eine Heidefläche (km 9). Sie gehen geradeaus in die

Heidefläche hinein und treffen auf einen Bohlenweg ❹ bei einer Tisch-Bank-Kombination (km 9,3). Hier biegen Sie rechts ab, überqueren auf dem Bohlenweg die Haverbeeke und spazieren immer am Rand der Aue entlang bis Niederhaverbeck ❺ (km 10,9).

✕ **Haverbeckhof**, Niederhaverbeck 2, 29646 Bispingen, ☏ 051 98/989 80, www.haverbeckhof.de, tgl. 12:00-20:30, Nov-März Mo + Di Ruhetag, So nur 12:00-18:00

Am Haverbeckhof stoßen Sie auf die Hauptstraße, überqueren sie und gehen auf einem Fuß- und Fahrradweg nach links. Nach etwa 60 m biegen Sie nach rechts ab und gehen am Hans-Pforte-Haus und am Abzweig zum Hotel Landhaus Eickhof vorbei.

⌘ **Hans-Pforte-Haus**, Naturinformationshaus des Vereins Naturschutzpark, Niederhaverbeck 3, 29646 Bispingen, ☏ 051 98/379, https://www.verein-naturschutzpark.de/naturinformationshaus/#schulausflug, Ausstellung zu Bienenwelten, 15.7.-31.10. tgl. 10:00-17:00

✕ **Landhaus Eickhof**, Niederhaverbeck 8, 29646 Bispingen, ☏ 051 98/12 88, www.landhaus-eickhof.de, tgl. 8:00-22:00, kein Ruhetag

Sie stoßen auf eine Kreuzung, überqueren die Haverbeeke nach rechts und gehen kurz dahinter auf einem Pfad nach links (km 11,9) durch Wald, vorbei am Haus Heidetal, und dann – hinter einem großen Schafstall ❻ auf der rechten

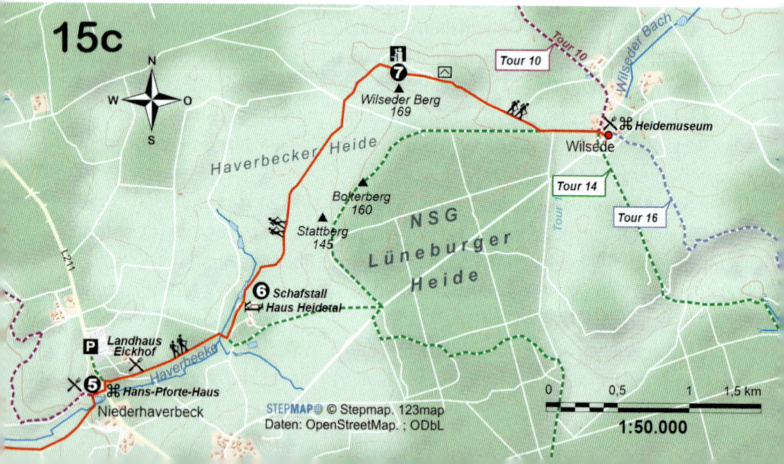

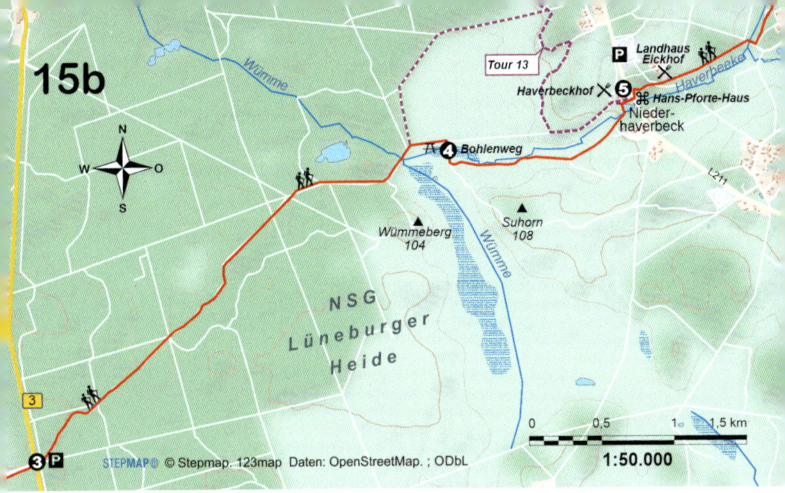

Seite (km 12,2) – durch die schöne ⚘ Haverbecker Heide zum ⚘ Wilseder Berg ❼ (km 14,3, ☞ Tour 10, S. 67).

Sie überqueren den höchsten Berg des Norddeutschen Flachlandes, passieren 300 m hinter der Kuppe eine Schutzhütte und steigen hinab nach Wilsede. Auf der linken Seite einer schönen Eichenallee finden Sie Ackerflächen, auf denen der Verein Naturschutzpark alte Feldfrüchte anbaut, kurz darauf erreichen Sie Wilsede am Heidemuseum.

⌘ **Heidemuseum Dat ole Huus**, Wilsede 3A, 29646 Bispingen, ☏ 041 75/80 29-33, 💻 www.lueneburger-heide.de/service/sehenswuerdigkeit/207/dat-ole-huus-heimat-museum.html, 🚪 Mai-Okt 10:00-16:00

✕ **Zum Heidemuseum**, Wilsede 9, 29646 Bispingen, ☏ 041 75/217, 💻 www.zum-heidemuseum.eu, 🚪 saisonal und wetterbedingt unterschiedlich, aktuelle Öffnungszeiten: ☞ Internetseite

♦ **Milchhalle**, Wilsede 10a, 29646 Bispingen, ☏ 041 75/80 29 32, 💻 https://www.verein-naturschutzpark.de/milchhalle-museumsladen, 🚪 tgl. 12:00-16:00, außerhalb der Saison Sa-Di 12:00-16:00, ggf. witterungsbedingt früher geschlossen

🛏 ✕ **Wilseder Hof**, Wilsede 2c, 29646 Bispingen, ☏ 041 75/311, 💻 https://wilsederhof.de, DZ ab € 95, 🚪 Restaurant Mi-So 11:00-17:00, kann abweichen

Übernachtungsmöglichkeiten finden Sie über die Bispingen Touristik e. V., Bahnhofstraße 19, 29646 Bispingen, ☏ 051 94/987 96 90, info@bispingen-touristik.de, www.bispingen-touristik.de, oder die Lüneburger Heide GmbH (☞ Reise-Infos, Unterkünfte).

Eine-Welt-Kirche in Schneverdingen ☞ *S. 96*

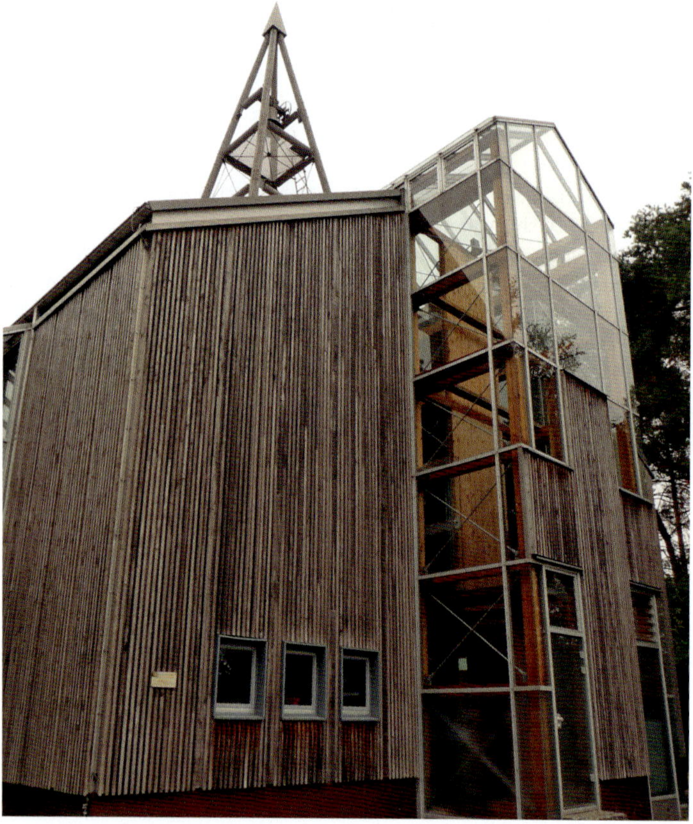

16 Lila Krönung 2: Wilsede – Soderstorf

Wanderung für Liebhaberinnen und Liebhaber von Natur und Heide

Vom schönen Heideort Wilsede aus wandern Sie auf dieser Etappe am Totengrund entlang, wo Anfang des 20. Jahrhunderts das Naturschutzgebiet Lüneburger Heide entstand. Weitere Highlights sind die Hörpeler Heide und die Schwindebachquelle.

→ Start: Wilsede, GPS N 53°9.845' E 009°57.658' (per Kutsche oder zu Fuß erreichbar); Ziel: Soderstorf, Hauptstraße/Ecke Mühlenstraße, GPS N 53°8.462' E 010°8.795'

18,9 km

5 Std. 30 Min.

↑↓ 137 m/214 m

50-135 m

gelber Pfeil mit schwarzem Rand, grüne Wegweiser

überwiegend unbefestigte oder verdichtete Feld- und Waldwege, manchmal sehr sandig, in den Ortslagen (insbesondere von Gut Thansen nach Soderstorf) befestigt

Nur am Start in Wilsede finden Sie (mehrere) Möglichkeiten zum Einkehren und Einkaufen. Bitte denken Sie daran, Getränke und einen Imbiss mitzunehmen.

viele Bänke zum Ausruhen, Bank mit Schutzdach im Wald (km 2,9), Bank mit schönem Heideblick (km 12,9), Bank-Tisch-Dach-Kombination in Heidefläche (km 13 und km 13,6), Tische und Bänke in kleiner Heidefläche (km 14,1), Bank-Tisch-Dach-Kombination an der Schwindebachquelle (km 15,1)

Hotel Gut Thansen am Ziel in Soderstorf oder in Amelinghausen (per Bus aus Soderstorf erreichbar)

keine Besonderheiten

mehrere Stellen wegen des sandigen Bodens ungünstig für Buggys, Überquerung der Bahnanlage bei km 17,1, schmale Brücke bei km 17,4, Pfad 17,4-17,7

Leinenpflicht im Naturschutzgebiet, kaum Trinkwasser

P Parkplatz Niederhaverbeck, Niederhaverbeck 2, Bispingen, GPS N 53°9.050' E 009°54.470'; Parkplatz Undeloh am Heide-ErlebnisZentrum, Wilseder Straße 23, Undeloh, GPS N 53°11.561' E 009°58.636'; von dort mit der Kutsche zum Startpunkt nach Wilsede

Eine Rückfahrt zum Startpunkt der Tour oder nach Undeloh und Niederhaverbeck mit öffentlichen Verkehrsmitteln ist am Abend der Wanderung nicht möglich! Bitte bedenken Sie das bei der Planung und kümmern Sie sich um eine Übernachtungsmöglichkeit! Es gibt aber einige wenige Verbindungsmöglichkeiten, die Sie unter 💻 www.bahn.de recherchieren können.

In Wilsede (☞ Tour 10, S. 66), auf der Straße mit dem Heidemuseum auf Ihrer linken und der Milchhalle auf der rechten Seite, gehen Sie ein paar Meter Richtung Undeloh und biegen am Wegweiser und Findling nach rechts Richtung Totengrund ab.

⌘ **Heidemuseum Dat ole Huus**, Wilsede 3A, 29646 Bispingen, ☏ 041 75/80 29-33, 💻 www.lueneburger-heide.de/service/sehenswuerdigkeit/207/dat-ole-huus-heimatmuseum.html, 🚪 Mai-Okt 10:00-16:00

✕ **Zum Heidemuseum**, Wilsede 9, 29646 Bispingen, ☏ 041 75/217, 💻 www.zum-heidemuseum.eu, 🚪 saisonal und wetterbedingt unterschiedlich, aktuelle Öffnungszeiten: ☞ Internetseite

♦ **Milchhalle**, Wilsede 10a, 29646 Bispingen, ☏ 041 75/80 29 32, 💻 https://www.verein-naturschutzpark.de/milchhalle-museumsladen, 🚪 tgl. 12:00-16:00, außerhalb der Saison Sa-Di 12:00-16:00, ggf. witterungsbedingt früher geschlossen

Sonnenaufgang in der Lüneburger Heide © Lüneburger Heide GmbH

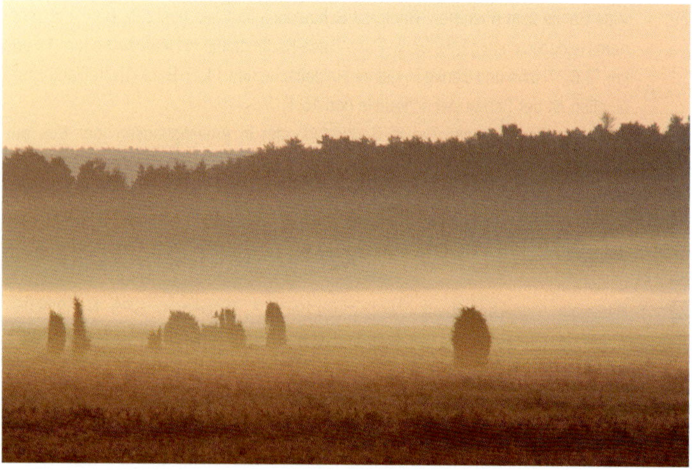

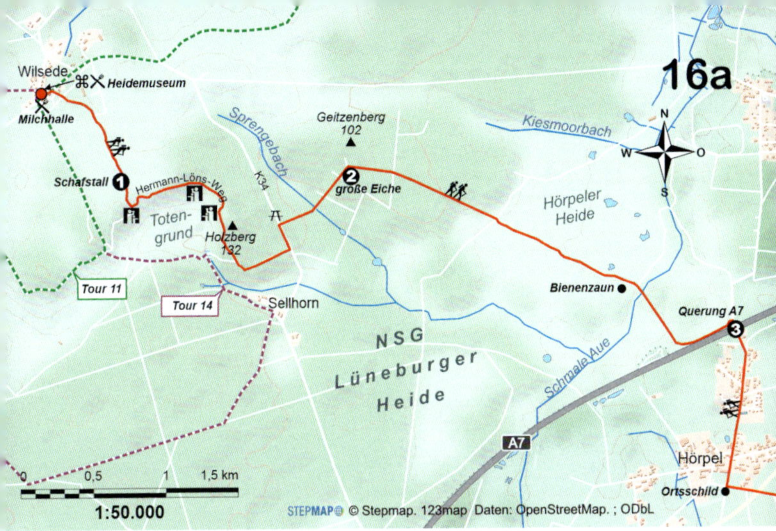

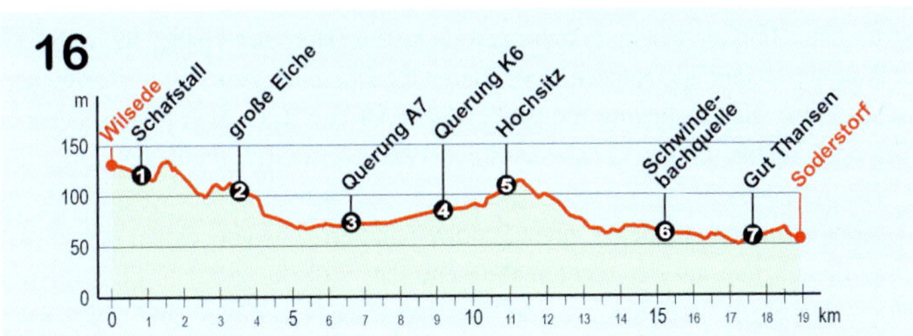

Sie wandern auf einem Sandweg am und im Wald entlang und über sehr schöne Heidefläche mit einigen offenen Sandflächen zu einem Schafstall ❶ (km 0,9) mit dicker Eiche. Gut 150 m danach erreichen Sie einen Punkt mit sehr schönem Ausblick in den Totengrund (☞ Tour 14, S. 92) und biegen links ab (gleichzeitig der Hermann-Löns-Weg).

Sie wandern nun auf einem besonders schönen Heideweg am oberen Rand des Totengrundes entlang. Dabei gehen Sie meist durch Kiefernwald und haben nach rechts viele schöne Ausblicke in die Heideflächen des Totengrundes hinein. Besonders schöne Ausblicke haben Sie z. B. bei km 1,6 und 1,9.

Schließlich verlassen Sie den Rand des Totengrundes und wandern durch Kiefern- und Fichtenwald hinab. Bei km 2,3 biegt der Hermann-Löns-Weg nach rechts ab, Sie gehen geradeaus weiter Richtung Sellhorn bis zu einer Teerstraße

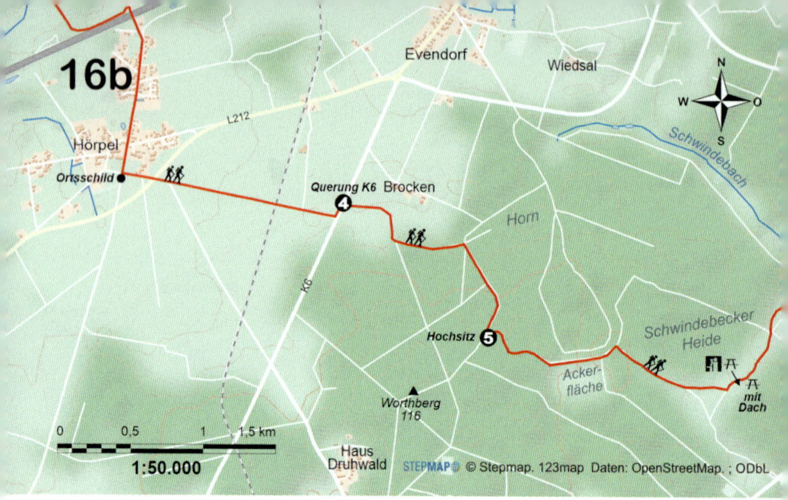

(km 2,7). Hier biegen Sie nach links Richtung Wilsede ab und knapp 200 m weiter an einer Bank mit Schutzdach nach rechts zur Hörpeler Heide. Sie wandern im Wald durch eine Eichenallee, überqueren ein Flüsschen (km 3,2) und erreichen leicht bergan eine Gabelung mit großer Eiche ❷ (km 3,5). Nun folgen Sie dem Weg nach rechts, immer geradeaus durch Wald und weiter geradeaus durch die Hörpeler Heide.

Sie überqueren geradeaus einen Sandweg und erreichen bei einem Birkenwald einen Bienenzaun auf der rechten Wegseite (km 5,6). Kurz darauf durchqueren Sie ein Wiesengelände. Kurz vor der Autobahn macht der Weg eine Linkskurve, sodass Sie ca. 300 m parallel zur Autobahn gehen. Sie kommen auf eine Teerstraße (km 6,6), auf der Sie nach rechts die Autobahn ❸ überqueren. Durch das Örtchen Hörpel spazieren Sie geradeaus, bis Sie kurz vor dem Ortsschild nach links Richtung Steinbeck abbiegen (km 7,7).

Es geht über die Landstraße geradeaus hinüber bis zu einer Rechtskurve der Teerstraße. Sie gehen geradeaus auf einem Sandweg weiter (km 8,1) und über eine Bahnlinie hinüber (km 8,8) zu einer Hauptstraße ❹ (km 9,2), wandern ein Stück nach links und nehmen den nächsten Feldweg rechts (km 9,3).

Am Waldrand erreichen Sie eine Gabelung (km 9,9) und nehmen die linke Möglichkeit, die durch Fichtenforst zu einer Waldwegkreuzung führt (km 10,3). Hier gehen Sie auf dem besseren Weg nach rechts. Entlang des Weges finden Sie am Boden unter den Fichten und Lärchen auffallend dicke Moospolster. Bei einem kleinen Hochsitz ❺ links des Weges biegen Sie nach links ab (km 11). Der Fichtenwald wird durch einen etwas lichteren Wald mit Laubbäumen abgelöst und Sie erreichen eine Ackerfläche (km 11,6).

Sie wandern 400 m am Waldrand entlang, gehen wieder in Wald hinein und an der folgenden T-Kreuzung nach rechts (km 12,1). 100 m weiter erreichen Sie wieder eine lang gestreckte, schöne Heidefläche und nehmen an der Gabelung (km 12,6) die rechte Möglichkeit. Im Hintergrund rechts sehen Sie einen Unterstand. Dort müssen Sie aber nicht hin. Stattdessen folgen Sie der sich nach links ausdehnenden Heide an einer Bank mit schöner Aussicht (km 13) und einem Schild zum Thema „Rote Flächen" vorbei.

Rote Flächen

Die Roten Flächen waren militärische Übungsflächen, die ausschließlich für die britische und kanadische Armee zur Verfügung standen. An den häufig mit Panzern befahrenen Stellen wurde der Boden stark beansprucht und verwüstet. 1994 wurde die Übungstätigkeit aufgegeben und die Roten Flächen wurden an den Verein Naturschutzpark zurückgegeben.

100 m dahinter liegt eine Bank-Tisch-Dach-Kombination für Picknicks an ganz sonnigen oder regenreichen Tagen. Eine weitere folgt nach 600 m. Am Ende der Heidefläche stoßen Sie auf eine Kreuzung (km 14). Sie gehen geradeaus weiter an einer Löschwasserentnahmestelle vorbei und den Hang hinauf. Kurz hinter der Waldpassage nehmen Sie an der Gabelung den linken Weg (km 14,2). An der darauffolgenden Gabelung gehen Sie nach rechts über eine kleine Heidefläche auf die Bänke und Tische zu. Hier können Sie einen Stempel für das „Amelinghäuser

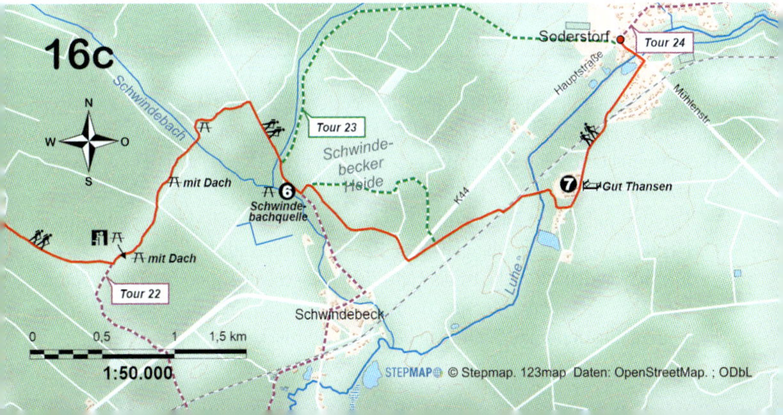

Heidediplom" bekommen. Am Ende der Heidefläche verlassen Sie den Sandweg nach rechts auf einen Pfad (km 14,4) und erreichen nach 250 m eine T-Kreuzung. Rechts steht eine Tafel, die für den Heidepanoramaweg wirbt.

Sie folgen dem Weg nach rechts, gehen am Teerweg wieder rechts und erreichen die Schwindebachquelle ❻ (km 15,3). Hier finden Sie auch eine weitere Tisch-Bank-Kombination zum Rasten.

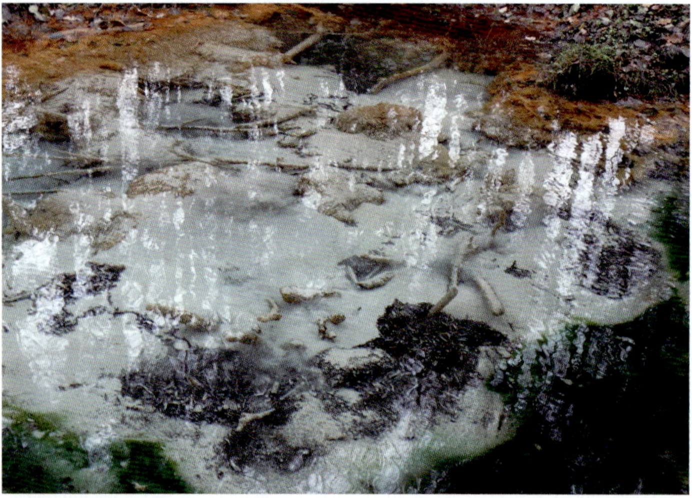

Schwindebachquelle

Schwindebachquelle

Der Quelltopf der Schwindebachquelle schüttet 60 l Wasser pro Sekunde aus. Sie ist damit – nach der weit führenden Rhumequelle mit 2.000 l – die zweitwasserreichste Quelle Niedersachsens. Im Quelltopf kann man sehr schön die kleinen Wasserfontänen erkennen, die das aus dem sandigen Untergrund heraufdrückende Wasser erzeugt.

Für die auffällige Färbung des Quelltopfes sind Metalloxide verantwortlich. Das Türkis stammt vom Mangan-, das Rot vom Eisenoxid.

Die Schwindebachquelle ist als Naturdenkmal geschützt und besitzt als Naturwunder Nr. 20 eine eigene Webseite (https://naturpark-lueneburger-heide.de/natur-und-kultur/naturwunder-und-naturblicke/schwindequelle).

Hinter der Schwindebachquelle verlassen Sie die Teerstraße nach links Richtung Gut Thansen, erreichen die Schwindebecker Heide und nehmen an der Gabelung (km 15,3) den Weg ganz rechts am Heide-Wald-Rand entlang. Nach einem Stück durch Wald liegt auf der rechten Seite Ackerland. An der nächsten Gabelung gehen Sie nach rechts am Waldrand entlang und überqueren die Landstraße (km 16,4).

Dahinter geht es auf dem Luhewanderweg nach links weiter. Sie überqueren nach 200 m geradeaus einen Teerweg und gehen nach rechts ohne Schranke über die Gleise (km 17,1). Gleich dahinter folgen Sie dem Weg nach links. Der Weg wird zu einem Pfad durch Wiesen, Sie überqueren einen Bach (km 17,4) und folgen der Mauer nach rechts.

Nach einer Linkskurve erreichen Sie einen Weg, der Sie nach links an Gut Thansen ❼ vorbeiführt (km 17,9). Sie überqueren die Bahnlinie erneut (km 18,3) und stoßen auf die Mühlenstraße (km 18,8), der Sie nach links zum Endpunkt der Wanderung in Soderstorf folgen (km 18,9).

Übernachten können Sie z. B. im **Hotel Gut Thansen**, Hof Thansen 2, 21388 Soderstorf, ☏ 041 32/933 31 00, ✉ hotel@gut-thansen.de, 💻 www.gut-thansen.de, DZ ab € 166

Weitere Übernachtungsmöglichkeiten finden Sie über die **Lüneburger Heide GmbH** (☞ Reise-Infos, Unterkünfte).

Von Soderstorf aus können Sie per Bus 5700 nach Amelinghausen fahren und dort übernachten. Bitte informieren Sie sich, wann der letzte Bus fährt (zzt. 17:41, ohne Gewähr). Sollte es knapp werden, können Sie bereits in Schwindebeck zusteigen, 1,2 km von der Schwindebachquelle entfernt. Sie gehen dazu hinter der Schwindebachquelle nicht nach links Rtg. Gut Thansen, sondern geradeaus weiter und an der Hauptstraße nach rechts, über den Schwindebach und bis zur Bushaltestelle.

⑰ Pietzmoor

Spaziergang für Liebhaberinnen und Liebhaber von Natur

Dieser leichte Spaziergang führt Sie in das Pietzmoor, ein altes Hochmoor, in dem in früheren Jahren fleißig Torf abgebaut wurde. Die größte Strecke des Weges legen Sie auf einem Bohlensteg zurück, von dem aus Sie trockenen Fußes tiefe Einblicke in diesen besonderen Lebensraum mit seiner moortypischen Pflanzen- und Tierwelt gewinnen können. Mit etwas Glück können Sie Sonnentau, Moorfrösche und Kreuzottern entdecken und im Frühjahr blüht das Wollgras.

- Start/Ziel: Parkplatz beim Schäferhof, GPS N 53° 6.143' E 009° 49.135'
- 4,4 km
- 1 Std. (bis 2 Std., wenn Sie sich Zeit für die Infostellen und Beobachtungen nehmen wollen)
- 27 m/27 m
- 80-90 m
- Sie werden auf einem Bohlenweg durch das Moor geführt. Durch die Bohlen und die einfache Wegführung ist Verlaufen unmöglich.
- überwiegend Bohlenweg, sonst Feldweg
- Hotel-Café Schäferhof am Start/Ziel
- Viele Sitzbänke laden zum Ausruhen ein, bei km 3 finden Sie eine besonders schön gelegene Bank mit Blick auf einen Froschteich.
- WC öffentliche Toilette auf dem Weg vom Parkplatz zum Beginn des Weges
- interaktive Infostellen zur Natur im Moor, viele Tiere zum Beobachten
- Bohlenweg
- Leinenpflicht im Naturschutzgebiet, Bohlenweg
- P Parkplatz beim Schäferhof, Heberer Straße 100, Schneverdingen. In der Heberer Straße befindet sich auch noch ein weiterer Parkplatz, knapp 500 m Fußweg vom Beginn des Weges entfernt.

Hotel-Café Schäferhof, Heberer Straße 100, 29640 Schneverdingen, ☏ 051 93/35 47, https://naturhotel-schneverdingen.de, tgl. warme Küche 11:30-14:30 und 17:30-20:00, dazwischen Kaffee und Kuchen, nach 20:00 weiter geöffnet, Jan-Feb Betriebsferien

Vom Parkplatz aus gehen Sie an der hölzernen Moorschnucke vorbei.

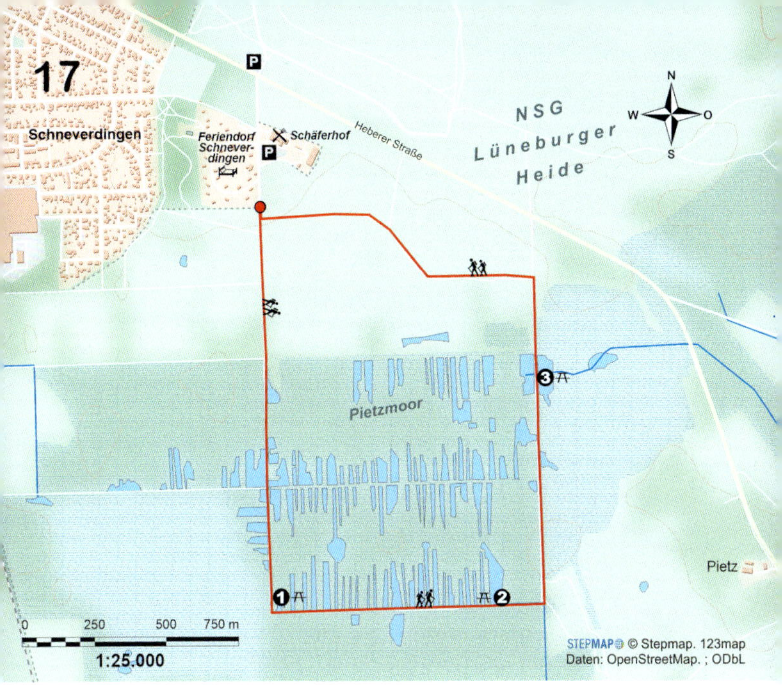

Moorschnucke und Heidschnucke

Heide und Moorränder am Pietzmoor werden durch eine Schafherde des Vereins Naturschutzpark beweidet. Die sonst hier in der Lüneburger Heide so verbreitete Heidschnucke (mit vollem Namen Graue Gehörnte Heidschnucke) ist aber für feuchte Moorbereiche nicht so gut geeignet, denn das lange Stehen im Feuchten macht sie anfällig für eine Hufkrankheit, die Moderhinke genannt wird. Die durch Bakterien hervorgerufene, für Huftiere sehr ansteckende Krankheit führt zu schmerzhaften Entzündungen der Klauen mit faulig riechendem Eiter.

Für die Beweidung von moorigen Bereichen setzt man daher die besser angepasste Moorschnucke ein, die seit Jahrhunderten in den Moorgebieten Norddeutschlands gezüchtet wird. Sie wird wegen ihres Aussehens und ihrer nahen Verwandtschaft zur „normalen" Heidschnucke auch Weiße Hornlose Heidschnucke genannt.

Nachdem Sie ein Wiesengelände durchquert haben, spazieren Sie auf einem Bohlenweg geradeaus in das Pietzmoor hinein.

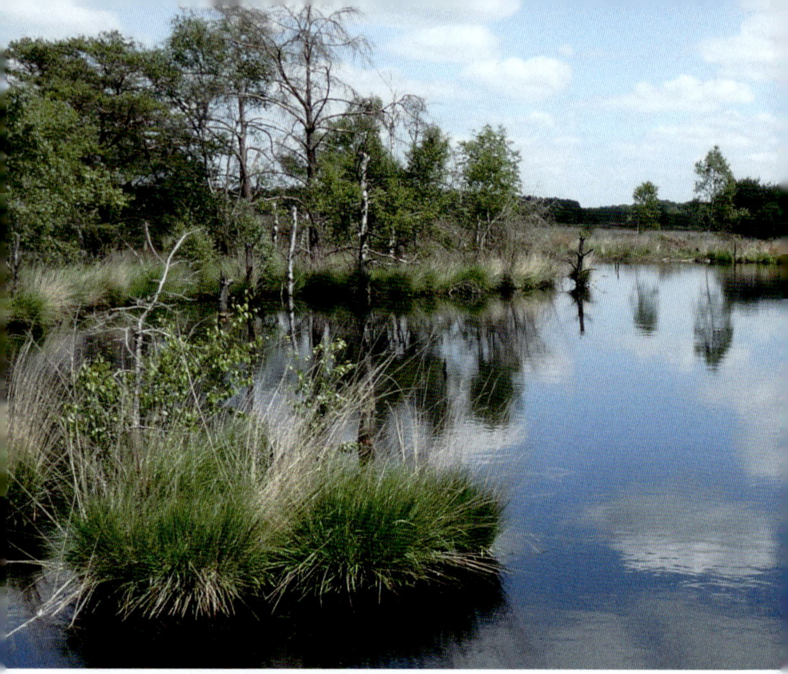

Pietzmoor – ehemaliger Torfstich

Pietzmoor

Seit etwa 8.000 Jahren wächst das Pietzmoor auf einer Fläche von rund 380 ha über einer wasserundurchlässigen Bodenschicht. Dieses Hochmoor erhält mehr Niederschläge, als durch Versickerung und Verdunstung verloren geht. Das überschüssige Wasser führt zur Vernässung und zu einem steten Wasserstrom aus dem Gebiet hinaus. Nur wenige Nährstoffe werden durch Niederschlagswasser oder durch Wind in das Gebiet hineingebracht, eine Mineralversorgung durch mineralreiches Grund- oder Oberflächenwasser fehlt. An diese sehr nährstoffarmen und nassen Bedingungen haben sich die Torfmoose angepasst. In dem nassen, sehr sauren Substrat kann Pflanzenmaterial kaum zersetzt werden. Das Moos wächst auf den abgestorbenen Pflanzenteilen immer weiter nach oben, ungefähr 1 mm pro Jahr oder 1 m in 1.000 Jahren. Die Schicht mit den abgestorbenen Pflanzen, der Torf, ist im Pietzmoor bis zu 7,5 m dick.

Torf wurde in der rohstoffarmen Heide ab dem 16. Jahrhundert abgebaut und zum Heizen und Kochen verwendet. Um die Ressource besser erschließen zu

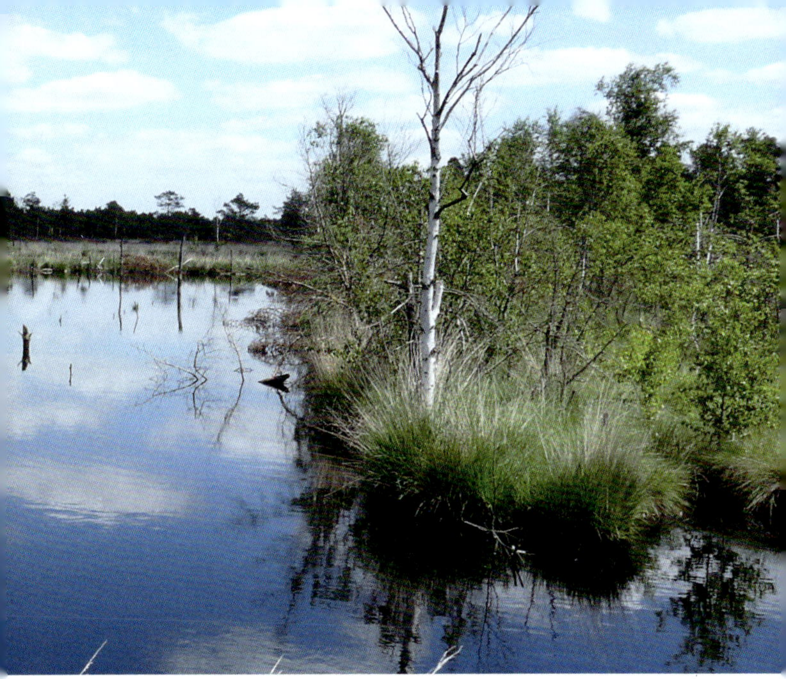

können, wurde das Moor ab dem 19. Jahrhundert mithilfe von Grabensystemen entwässert. Durch die abnehmende Vernässung wurde als Nebeneffekt Baumwuchs möglich. Seit den 1970er-Jahren aber wird das Pietzmoor im Rahmen von Naturschutzmaßnahmen wieder vernässt.

Die Wasserflächen mit ihren Fröschen, Enten und dem Wollgras sind also keine natürlichen Teiche und Tümpel, sondern in mühevoller Arbeit ausgehobene und wieder geflutete Torfstiche.

Trotzdem ist das Pietzmoor ein naturnahes und wertvolles Biotop. Wenn Sie im Frühjahr unterwegs sind, dann werden Ihnen die weißen Fruchtstände des Wollgrases auffallen. Mit Glück und einem guten Auge können Sie sogar den Sonnentau entdecken, eine kleine fleischfressende Pflanze, die den Nährstoffmangel des Untergrundes durch den Fang von Insekten kompensiert. Ebenfalls im Frühjahr könnten Sie himmelblaue Frösche finden, die Männchen der Moorfrösche in ihrer Paarungsuniform. Kreuzottern, Krickenten und Libellen sind weitere Bewohner dieses schönen Hochmoores.

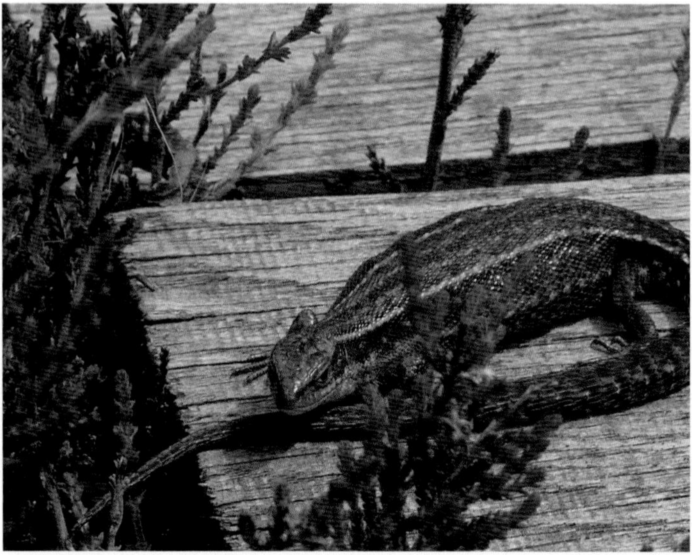

Eidechse auf dem Bohlenweg © Lea Pöhler

Unterwegs finden Sie einige Tafeln, die Sie über das Moor, seine Nutzung und Renaturierung informieren. Bei km 1,3 knickt der Bohlenweg erstmalig links ab, kurz darauf finden Sie eine Bank ❶. 150 m bevor der Weg bei km 2,3 ein zweites Mal abknickt, steht wieder eine Bank ❷. Besonders schön ist die Bank bei km 3 mit Blick auf einen Teich ❸. Bei km 3,3 werden Sie von einem Wegweiser erneut nach links gelenkt und wandern durch ein offenes Gelände – rechts Heide, links Wiese – zurück zum Ausgangspunkt.

18 Tütsberg

Spaziergang für Liebhaberinnen und Liebhaber von Natur und Heide

Die Runde am Hof Tütsberg eignet sich ganz besonders für einen ausgedehnten Sonntagnachmittagsspaziergang. Die Wege sind gut zu gehen und nicht matschig, wenn auch stellenweise sandig. An mehreren Stellen haben Sie schöne Ausblicke in weite Heideflächen, Sie durchqueren einen Eichenwald und finden Relikte der frühen (Grabhügel), älteren (Stühbüsche) und neueren (Snow Dome) Siedlungsgeschichte der Heide.

Start/Ziel: Parkplatz am Hotel Hof Tütsberg, GPS N 53°6.809' E 009°54.717'
5,1 km
1 Std. 30 Min.
48 m/48 m
82-110 m
keine
unbefestigte oder verdichtete Feld- und Waldwege, stellenweise sehr sandig
Hotel Hof Tütsberg am Start/Ziel
einige Sitzbänke und Möglichkeiten zum Ausruhen
kurzer Weg, interessanter bronzezeitlicher Grabhügel
von ca. km 2,5-km 2,7 sehr sandiger Weg, ansonsten gut geeignet
kein Trinkwasser, Leinenpflicht im Naturschutzgebiet
P Parkplatz am Hotel Hof Tütsberg, Im Naturschutzpark, Schneverdingen

Vom Parkplatz des Hofes Tütsberg gehen Sie auf den Hof zu und gehen bei der ersten Möglichkeit nach links auf einen von Birken gesäumten Sandweg Richtung Wümmeberg.

Hotel Hof Tütsberg, Im Naturschutzpark, 29640 Schneverdingen, ☎ 051 99/900, info@tuetsberg.de, www.tuetsberg.de, tgl. 12:00-21:00 nach Tischreservierung, Nov-März Mo + Di Ruhetag

Durch die Birkenallee erreichen Sie eine T-Kreuzung (km 1,2), an der Sie nach rechts Richtung Ober- und Niederhaverbeck abbiegen. Sie wandern durch eine weite Heidelandschaft bis zu einem Eichenwald (km 1,5). Dann folgen Sie dem

Weg durch eine leichte Linkskurve und passieren den Hof Wulfsberg ❶ (km 2) und eine Tafel zum Thema Stühbüsche ❷ (km 2,3) (☞ Tour 11, S. 77), denn Sie finden hier am Wegrand schöne Eichen-Stühbüsche. An der nächsten Kreuzung biegen Sie rechts ab Richtung Behringer Heide, verlassen den Eichenwald (km 2,7) und wandern erneut durch Heideflächen. Sie kommen zu einem Wegweiser (km 3,2), der Sie nach rechts hinauf Richtung Tütsberg schickt. An einer Weggabel 300 m weiter nehmen Sie den halb rechts bergan führenden Weg. Links im Hintergrund taucht ein seltsames Gebäude auf: der ehemalige Snow Dome in Bispingen, der jetzt „Abenteuer-Resort Berg und Tal" heißt (💻 www.abenteuer-resort.de). Auf der rechten Seite des Weges finden Sie einen bronzezeitlichen Grabhügel ❸ (km 4,6).

Grabhügel der Bronzezeit

Der 1 m hohe Grabhügel mit einem Durchmesser von 13 m stammt wahrscheinlich aus der Zeit von 1.500 bis 1200 v. Chr. Auf einer Tafel finden Sie weitere Informationen.

Durch solche Grabhügel konnte man nachweisen, dass hier im Gebiet bereits zur Bronzezeit weite Flächen entwaldet und mit Heidekraut bewachsen waren,

Heidschnuckenherde auf der Tütsberg-Heide

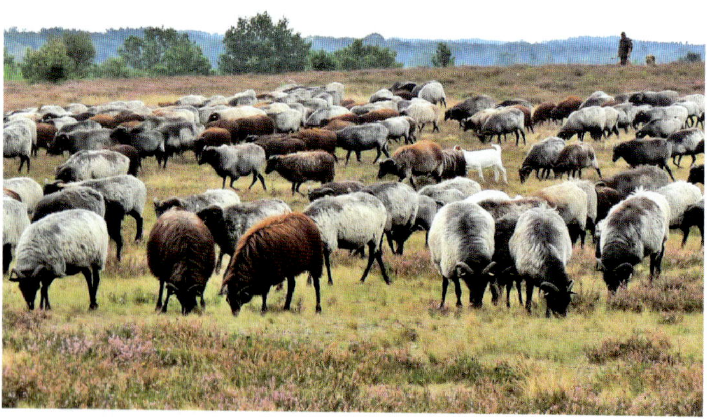

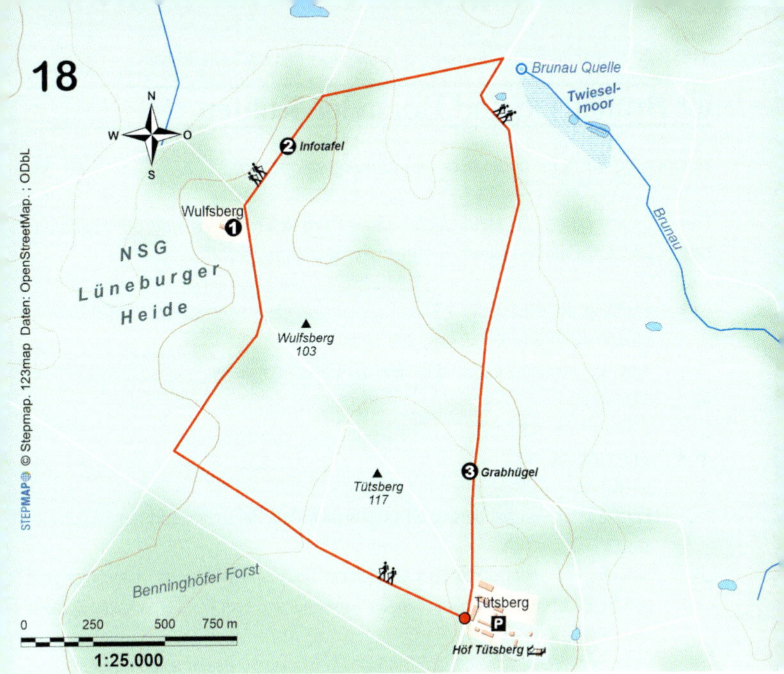

denn man fand Heidereste unter den Hügeln. Die häufig zu hörende Behauptung, dass erst der Holzbedarf der mittelalterlichen Saline in Lüneburg zur Entstehung der Heidelandschaft geführt hätte, wurde dadurch widerlegt.

Geradeaus weiter erreichen Sie wieder den Parkplatz am Hof Tütsberg (km 5,1).

Brachvogel

Den trillernden Balzrufen des Brachvogels verdankt der Hof Tütsberg seinen Namen. Brachvögel, früher regional „Moortüter“ genannt, gehören zu den Schnepfenvögeln. Sie haben einen langen, abwärtsgebogenen Schnabel und sind ca. 50 bis 60 cm lang. Sie verbringen den Sommer hier im Gebiet und ziehen im Winter an west- und südeuropäische Küsten. Viele gut situierte Rentnerinnen und Rentner haben dieses Zugverhalten vom Brachvogel übernommen.

⑲ Brunausee und Borsteler Kuhlen

Wanderung für Naturliebhaberinnen und Naturliebhaber

Der Brunausee und die Heidefläche an den Borsteler Kuhlen sind die Highlights dieser leichten Wanderung im Nordwesten von Bispingen.

- Start/Ziel: Bahnhofstraße 2/Ecke Hauptstraße, gegenüber der ESSO-Tankstelle in Bispingen, GPS N 53°5.072' E 009°59.863'.
  Alternativ können Sie auch an einem der Parkplätze starten.
- 13,1 km
- 3 Std. 30 Min. bis 4 Std.
- 249 m/249 m
- 64-101 m
- Europäischer Fernwanderweg E1 (X) (km 0-km 4,6), Heidschnuckenweg (H) (km 6,4-km 13,1)
- überwiegend unbefestigte oder verdichtete Feld- und Waldwege, manchmal sehr sandig, in Ortslagen und zwischen Gut Rosenhof und dem Pendlerparkplatz Brunausee befestigt
- viele Einkehrmöglichkeiten am Start/Ziel in Bispingen, Seeterrasse am Brunausee (km 6,1), Autobahnraststätte Lüneburger Heide West (km 6,6)
- viele Sitzbänke, Bänke mit schönem Ausblick in die Borsteler Kuhlen (km 8,8-8,9), Luhetalbad (km 12,1)
- Luhetalbad (km 12,1)
- Bademöglichkeit am Ende des Weges
- stellenweise zu sandiger (km 3,2-km 4,3) oder zu schmaler (km 6,9-km 7,2, km 8,5-km 9 und km 12,2-km 12,4) Weg für Buggys
- wenig Trinkmöglichkeiten
- P Einen ausgewiesenen Parkplatz gibt es am Start/Ziel nicht. Sie finden aber einige Parkmöglichkeiten in der näheren Umgebung, an denen Sie Ihre Wanderung auch starten können: Parkplatz Brunausee, A7 Abfahrt Bispingen Richtung Behringen, GPS N 53°6.373' E 009°58.510'; A7-Raststätte Brunautal West (Fahrtrichtung Süden), GPS N 53°6.566' E 009°58.886'; Parkplatz am Luhetalbad, Trift 19, Bispingen, GPS N 53°5.467' E 010°0.272'

Die Wanderung beginnt an der Kreuzung Bahnhofstraße/Borsteler Straße/Hauptstraße.

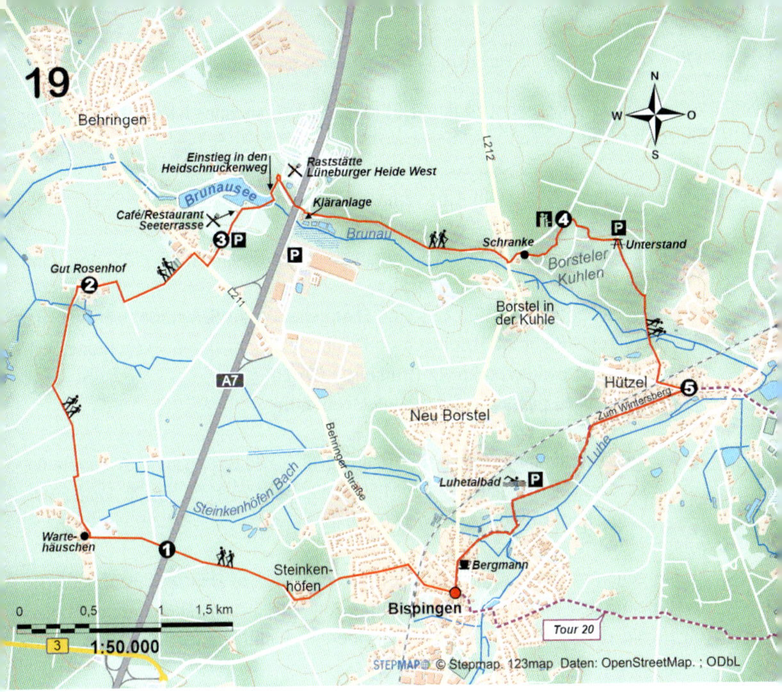

✎ Sie folgen bis zum Rosenhof (km 4,6) dem Europäischen Fernwanderweg E1 (X).

Sie gehen auf der Bahnhofstraße Richtung Behringen, überqueren die Bahnlinie (km 0,3) und biegen 100 m weiter nach links ab in die Steinkenhöfener Straße. Sie passieren den Hof Bockelmann (km 1,2) auf der rechten und ein schönes, mit Reet gedecktes Haus auf der linken Seite. Bei km 1,9 erreichen Sie einen kleinen Hain mit einer dicken Eiche, Eichengrund genannt, wo Sie eine Bank zum Rasten finden. Sie unterqueren die Autobahn ❶ (km 2,2) und gehen an der folgenden Abzweigung geradeaus weiter. Schließlich stoßen Sie auf eine T-Kreuzung mit einem Bushäuschen (km 2,8) und biegen rechts ab.

Sie wandern durch eine Linkskurve und nehmen an der folgenden Gabelung (km 2,9) den rechten Weg. Kurz hinter der nächsten scharfen Rechtskurve (km 3,2) biegen Sie nach links auf einen Sandweg ab.

Sie durchqueren Ackerland, biegen am Waldrand (km 3,9) nach rechts ab und stoßen bei einem Teich auf eine festere Straße, der Sie nach rechts am Totempfahl vorbei zum Gut Rosenhof ❷ (km 4,6) folgen. Dort, an einer T-Kreuzung, müssen Sie nach rechts gehen.

✎ An dieser Stelle (km 4,6) verlassen Sie den E1 (X).

Der Weg führt Sie aus dem Gut heraus und erst durch eine Rechts- und dann durch eine scharfe Linkskurve (km 5).

Sie erreichen im nächsten Ort eine Hauptstraße, die Seestraße, wenden sich hier nach rechts Richtung Bispingen und dann nach links (km 5,7) Richtung Seeterrasse und P Pendlerparkplatz Brunausee ❸ (km 5,9).

Am Brunausee passieren Sie die Seeterrassen.

Café Restaurant Seeterrasse, Uhlenstieg 13, 29646 Bispingen, ☏ 051 94/14 00, www.seeterrasse.de, Mo 11:30-18:00, Mi 11:30-21:00, Do-So 11:30-20:00, warme Küche 12:00-15:00 und 18:00-20:00

Sie gehen nach rechts um den See herum. Kurz vor dem Abfluss finden Sie noch eine Tisch-Bank-Dach-Kombination zum Picknicken. Hinter dem Abfluss folgen Sie dem Wegweiser nach rechts bergan Richtung Borsteler Kuhlen (km 6,4).

✎ Ab hier folgen Sie bis zum Ziel in Bispingen dem Heidschnuckenweg (H).

An der Autobahnraststätte erklimmen Sie die Böschung und wandern auf der Straße nach rechts.

Autobahnraststätte Lüneburger Heide West, Fahrtrichtung Süd

Sie unterqueren die Autobahn (km 6,8). Links vom Eingang der Abwasserreinigungsanlage der Stadtwerke Munster gehen Sie durch eine Tür in einem hohen Zaun und passieren die Anlage auf einem schönen Waldweg (zu schmal für Buggys). Diesem Weg folgen Sie immer geradeaus durch einen Eichen-Kiefern-Mischwald, rechter Hand liegt die Brunau-Niederung. Bei einigen Häusern stoßen Sie auf eine Straße (km 8,4) und überqueren sie geradeaus Richtung Borsteler Kuhlen.

Hinter dem letzten Haus auf der rechten Seite verlassen Sie den Asphaltweg nach rechts und gehen den Wald hinauf. Auf einem Fußweg, der für Kinderkarren

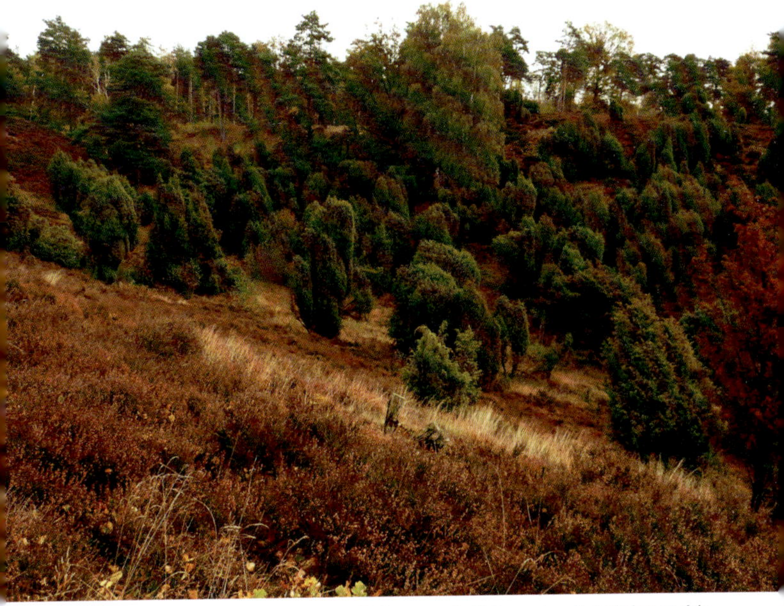

Extremes Relief an der Borsteler Kuhle

nicht geeignet ist, betreten Sie das ❀ Landschaftsschutzgebiet „Borsteler Kuhlen und Brunautal“ und stoßen auf eine schöne Heidefläche mit hochgewachsenen Wacholdern (km 8,76).

Borsteler Kuhlen/Borsteler Schweiz

Vom Brunautal aus müssen Sie deutlich bergan wandern. Die hiesigen Flachlandbewohner kennzeichneten diese atemberaubende Höhendifferenz von 35 m mit dem Zusatz „Schweiz“. Ja, so verrückt bergig muss es in den Alpen auch sein. Das deutlich in diesen Hang eingeschnittene Trockental wurde als „Kuhle“ bezeichnet. Entstanden ist diese Kuhle durch die rückschreitende Erosion in einem eiszeitlichen Tal, als der Boden noch durch Permafrost wasserundurchlässig war. Das Wasser floss oberirdisch ab und grub sich in den Hang hinein.

Auch wenn es nur 35 m sind: Der Blick von der Bank am oberen Rand der Kuhle ❹ in das mit Heide und Wacholder bewachsene Tal ist wirklich sehr, sehr schön.

Wacholder

Die dunkelgrünen Gewächse mit den spitzen Nadeln gehören wie die Besenheide in das idealtypische Bild der Lüneburger Heide. Der Gemeine Wacholder, lateinisch *Juniperus communis* und regional Machandel- oder Krammetsbaum genannt, gehört zu den Zypressengewächsen, von denen es in der Region eben nur diese eine Art gibt.

Da die Heidschnucken den Wacholder wegen seiner Nadeln nicht mögen, kann er sich auf den Heideflächen gut ansiedeln. Heideflächen, die nicht gepflegt werden, sind manchmal regelrecht zugewuchert. Manchmal hat der Wacholder aber auch Pech, denn er schützt nicht nur sich selbst, sondern auch Schösslinge anderer Bäume, z. B. von Eichen, vor dem Verbiss. Die Schösslinge wachsen heran und nehmen schließlich dem sonnenbedürftigen Wacholder das Licht weg, sodass er verkümmert. Solche aufopferungsvollen Wacholder werden Ammenbäume genannt.

Die männlichen Wacholder haben im April bis Juni gelbliche Blüten, auf den weiblichen Wacholderbüschen wachsen die Zapfen, die sogenannten Wacholderbeeren. Besonders die Wacholderbeeren werden in der Heilkunde sehr geschätzt, z. B. als Dampfbad oder Sirup als Mittel gegen Husten und als Tee zur Förderung des Stoffwechsels und der Verdauung. Oder als Gin zur allgemeinen Hebung der Lebensfreude.

Auf einem schmalen Pfad erreichen Sie bergan mehrere Bänke mit sehr schöner Sicht ins Tal. Oben, kurz vor einem P Parkplatz (km 9), umrunden Sie den Talschluss. In diesem Bereich finden Sie noch eine Bank und einen kleinen Unterstand. Sie stoßen auf eine Gabelung (km 9,1), bei der Sie nach links dem Heidschnuckenweg (H) und nicht mehr dem Talrand folgen. Sie wandern nun durch einen lichten Kiefern-Birken-Wald mit viel Heideunterwuchs. Es geht einmal steil bergab, am Gegenhang wieder hoch und Sie erreichen einen Fahrweg bei einer Gabelung (km 9,4; links ein Weg, rechts zwei). Von den beiden nach rechts laufenden Wegen nehmen Sie den linken, der durch ein „H" als Heidschnuckenweg gekennzeichnet ist.

Es folgt ein schönes Stück Weg mit viel Heide im Unterwuchs und Wacholder. Bänke laden Sie zum Betrachten ein.

Sie kommen zu einer T-Kreuzung (km 9,8) und wenden sich nach rechts, dem „H" weiter folgend, zur Brunau, die Sie auf einer Holzbrücke (km 10,1) überqueren. Sie wandern auf einer Splittstraße durch eine Siedlung bis zu einem Bahnübergang (km 10,5) und wenden sich hinter dem Bahnübergang nach links, spazieren auf dem Hützeler Damm ein Stück durch den Ort Hützel hindurch und biegen nach rechts in die Straße Zum Wintersberg ab ❺ (km 10,7).

Am Ende der Straße an einer Wendemöglichkeit (km 11,4) biegen Sie nach links auf einen geteerten Fußweg ab und wandern aus dem Ort hinaus und in einen Wald hinein. Sie passieren einen Waldkindergarten und ein Fitnesszentrum (km 12,1), das zum Bereich des Luhetalbades gehört.

Luhetalbad, Trift 19, 29646 Bispingen-Hützel, ☏ 051 94/97 42 39, https://www.ihr-stadtwerk.de/de/Menue/Baeder/Luhetalbad, siehe Homepage

Gut 50 m hinter dem Fitnesszentrum biegt der Wanderweg nach links auf einen schmalen Fußweg ab und zieht erst durch Wald, dann über Wiesen zu einer Teerstraße, wo Sie rechts abbiegen (km 12,4) und bis zur Borsteler Straße spazieren (km 12,9).

Bäckerei und Konditorei Bergmann, Borsteler Straße 12, 29646 Bispingen, ☏ 051 94/12 07, http//www.baecker-bergmann.de, Mo 6:00-12:00, Di-Fr 06:00-12:30 und 14:00-18:00, Sa 6:00-12:30, So 6:30-11:00

Nach links erreichen Sie den Start- und Zielpunkt (km 13,1).

20 Wälder bei Bispingen

Wanderung für Naturliebhaberinnen und Naturliebhaber

Diese von Wald geprägte leichte Halbtageswanderung östlich und nördlich von Bispingen eignet sich besonders für heiße Tage, wenn es auf den Heideflächen zu warm wird. Da passt es auch sehr gut, dass das Luhetalbad direkt am Weg liegt.

Start/Ziel: Ecke Borsteler Straße/Bergstraße, gegenüber der ESSO-Tankstelle in Bispingen, GPS N 53°5.072' E 009°59.863'.
Weitere Startmöglichkeit: Parkplatz am Luhetalbad, GPS N 53°5.467' E 010°0.272'

8 km

2 Std. 30 Min.

178m/178m

63-107 m

Herrmann-Billung-Wanderweg (B) (km 0-km 4,4), Nordic-Walking-Weg 26L (km 3,8-km 4,7), Heidschnuckenweg (H) (km 5,6-km 8)

überwiegend unbefestigte oder verdichtete Feld- und Waldwege, manchmal sehr sandig, durch die längeren Ortsdurchquerungen aber auch ein relativ hoher Anteil befestigter Wege

viele Einkehrmöglichkeiten am Start/Ziel in Bispingen

viele Sitzbänke

Luhetalbad (km 7)

Bademöglichkeit am Weg

ab und zu sandige oder grasbewachsene Wegabschnitte

wenige Trinkmöglichkeiten, einige Strecken auf Teer

Einen ausgewiesenen Parkplatz gibt es am Start/Ziel nicht. Es gibt aber einige Parkmöglichkeiten in der näheren Umgebung, z. B. den Parkplatz am Luhetalbad, Trift 19, Bispingen.

Die Wanderung beginnt an der Kreuzung Borsteler Straße/Bergstraße. Sie biegen in die Bergstraße ein und folgen ihr bis zur Hützeler Straße (km 0,2).

Vom Beginn bis km 4,4 wandern Sie auf dem Hermann-Billung-Wanderweg, der durch ein weißes „B" auf schwarzem Rechteck gekennzeichnet ist.

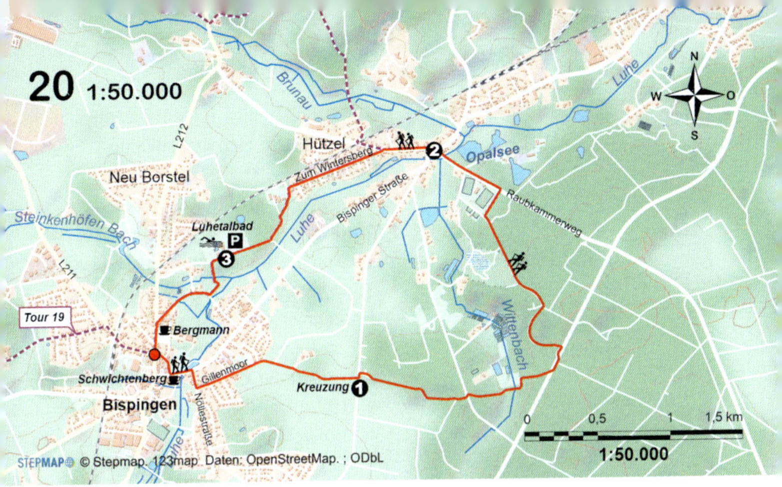

Bäckerei und Café Schwichtenberg, Hützeler Str. 6, 29646 Bispingen, ☏ 051 94/12 53, 💻 https://www.baeckerei-schwichtenberg.de, Mo-Fr 6:00-18:00, Sa 6:00-13:00, So 7:00-12:00

Hier bei der Bäckerei Schwichtenberg biegen Sie links ab, nehmen die nächste Straße rechts Richtung Iserhatsche (Nöllestraße) und biegen dann links in die Straße Gillenmoor ein (km 0,5). Auf dieser Straße wandern Sie aus dem Ort hinaus, bis Sie an einer Gabelung (km 1,2) den Teerweg nach rechts verlassen. Auf einem sandigen Feldweg geht es am Waldrand entlang, dann durch Ackerland auf beiden Seiten bis zu einer Kreuzung ❶ mit einem Teerweg (km 1,7).

Auf dem Teerweg gehen Sie links und 20 m weiter wieder rechts. Nach 400 m tauchen Sie am Waldrand auf einem Sand-Gras-Weg in den Wald ein. An der Gabelung 100 m weiter nehmen Sie rechts den etwas besseren Weg. Nach 300 m stoßen Sie auf einen Weg in einer Kurve und gehen links weiter, überqueren eine Teerstraße (km 2,5) und folgen weiter dem „B“ und dem „Hasenpfad“. Sie passieren einen kleinen Teich unterhalb einer Böschung und nehmen kurz dahinter rechts den etwas besseren Weg (km 2,9). Auf der folgenden Teerstraße (km 3,2) gehen Sie gute 50 m nach links und verlassen sie dann nach links auf einen Pfad.

Der Pfad verläuft durch Wald. Nach einem Anstieg erreichen Sie eine T-Kreuzung (km 3,8). Wandern Sie hier nach links.

Bei einem Fußpfad lockt Sie das „B“ nach rechts in den Wald.

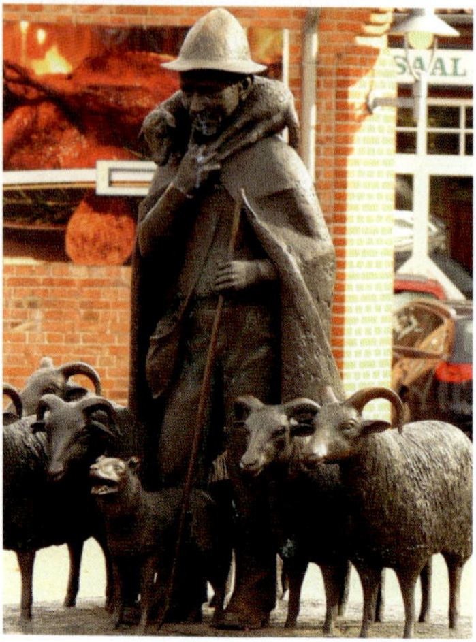

Denkmal in Bispingen

✎ Ab hier folgen Sie aber nicht mehr dem Hermann-Billung-Weg (B)!

Wandern Sie weiter geradeaus auf dem Nordic-Walking-Weg 26L. Sie laufen durch eine Rechtskurve und stoßen auf eine Teerstraße, den Raubkammerweg, dem Sie links nach Hützel folgen. Sie überqueren die Bispinger Straße ❷ (km 5,2), wandern den Hützeler Damm entlang Richtung Borstel und folgen nach links der Straße Am Wintersberg (km 5,6).

✎ Von hier aus bis zum Ende ist der Wanderweg als Heidschnuckenweg (H) gekennzeichnet.

Am Ende der Straße biegen Sie an einer Wendemöglichkeit (km 6,3) nach links auf einen geteerten Fußweg ab und wandern aus dem Ort hinaus und in einen Wald hinein. Sie passieren einen Waldkindergarten und ein Fitnesszentrum (km 7,1), das zum Bereich des 🏊 ✕ 🅿 Luhetalbades ❸ gehört.

🏊 ✕ **Luhetalbad**, Trift 19, 29646 Bispingen-Hützel, ☏ 051 94/97 42 39, 💻 https://www.ihr-stadtwerk.de/de/Menue/Baeder/Luhetalbad, 🚪 siehe Homepage

Gut 50 m hinter dem Fitnesszentrum biegt der Wanderweg nach links auf einen schmalen Fußweg ab und zieht erst durch Wald, dann über Wiesen zu einer Teerstraße, wo Sie rechts abbiegen (km 7,4) und bis zur Borsteler Straße spazieren (km 7,8).

Bäckerei und Konditorei Bergmann, Borsteler Straße 12, 29646 Bispingen, ☏ 051 94/12 07, 💻 http//www.baecker-bergmann.de, 🚪 Mo 6:00-12:00, Di-Fr 6:00-12:30 und 14:00-18:00, Sa 6:00-12:30, So 6:30-11:00

Nach links erreichen Sie den Start- und Zielpunkt (km 8).

21 Böhmetal

Wanderung für Naturliebhaberinnen und Naturliebhaber

Das Ahlftener Flatt, die Grundlose Kuhle, der schattige Wald entlang der Böhme – das macht diese Wanderung auch an heißeren Tagen erfreulich.

Start und Ziel: Soltau, Parkplatz Scheibenstraße (Nähe Soltau-Therme), GPS N 52°59.423' E 009°50.323'

12,2 km

4 Std.

106 m/106 m

62-80 m

Freudenthalweg (F) (km 6,4-km 10, km 11,1-km 11,8), Heidschnuckenweg (H) (km 9-km 12,2)

anfangs hoher Anteil an befestigten Wegen (Ortslagen Soltau, Ahlften, Wolterdingen; Weg zwischen Ahlften und Wolterdingen), danach nur unbefestigte oder verdichtete Feld- und Waldwege sowie Pfade

Restaurant Gaucho, Soltau-Therme nahe Start/Ziel

Unterstand und Picknickplatz am Ahlftener Flatt (km 2,6), Unterstände bei km 11,2 und km 11,8, mehrere Bänke

keine Besonderheiten

Der Weg bis zum Ahlftener Flatt (ca. km 2,6) ist für Kinderwagen geeignet. Ab km 7,2 ist der Weg schwierig bis ganz untauglich.

Leinenpflicht auch außerhalb von Naturschutzgebieten

zusätzliche Parkplätze an der Soltau-Therme

Der Weg beginnt am Parkplatz in der Scheibenstraße gegenüber der Freiwilligen Feuerwehr. Vom Parkplatz kommend wenden Sie sich nach rechts. Sie überqueren an der Kreisverwaltung Heidekreis an einer Ampel die Harburger Straße (km 0,2) und wandern die Straße Zum Ahlftener Flatt leicht bergan.

Sie erreichen das Wasserwerk ❶ (km 1) und stoßen dort auf ein Schild, das den Wald-Wasser-Lehrpfad Soltau beschreibt. Sie gehen geradeaus die Straße ins Wasserschutzgebiet hinein und zur Siedlung Ebsmoor (km 1,6). Dort folgen Sie dem Wegweiser Richtung Ahlftener Flatt (Straße Ebsmoor 55-57).

Am Waldrand (km 2) stoßen Sie auf eine Gabelung und nehmen nach rechts den für Reiterinnen und Reiter gesperrten Weg weiter ins LSG hinein. Nach einer

Rechtskurve sehen Sie linker Hand eine kleine Heidefläche und das Ahlftener Flatt ❷ liegen.

Bei km 2,4 (an der Station 8 des Wald-Wasser-Lehrpfades der Stadtwerke Soltau GmbH und der Trinkwasserwald e. V.) finden Sie zwei Bänke mit schönem Blick auf den See und kurz darauf noch eine weitere. Sie gehen am Ufer entlang, bis Sie nach links zur offenen Hütte und zum Picknickplatz am See gehen könnten (km 2,6). Hier geht es nach rechts weiter, dem Wegsymbol „Schmetterling" folgend. Nach 100 m stoßen Sie auf einen Weg und wenden sich nach links, ebenfalls dem Schmetterling hinterher, und unterqueren eine Hochspannungsleitung.

200 m hinter der Hochspannungsleitung nehmen Sie den Abzweig nach rechts, Wegweiser Richtung „Ahlften 1 km". Wenn Sie auf die Häuser treffen, gehen Sie links weiter auf einer geteerten Straße (km 3,2). Der Weg ist hier als Jakobsweg und Radweg 12 ausgeschildert. Sie folgen der geteerten Straße, die durch einen sandigen Pfad an der Seite ganz gut begehbar ist, bis sie eine Rechtskurve macht (km 4,4).

Eiche-Hainbuche

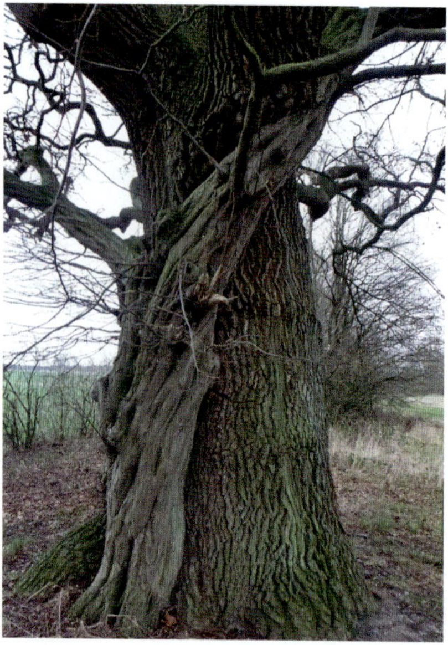

Hier lohnt sich ein kleiner Abstecher nach links und noch einmal links zum Naturdenkmal und Naturwunder 03 des Naturparks Lüneburger Heide, das 380 m vom Weg entfernt ist. Eine Hainbuche hält hier eine alte Eiche dramatisch umschlungen. Es kommt häufiger vor, dass zwei Bäume miteinander verwachsen, aber so schön wie hier sieht man es selten.

Der Wanderweg führt auf der Teerstraße durch die Rechtskurve weiter nach Wolterdingen hinein bis zur Heilig-Geist-Kirche ❸ mit ihrem einzeln stehenden Glockenturm (km 5,4).

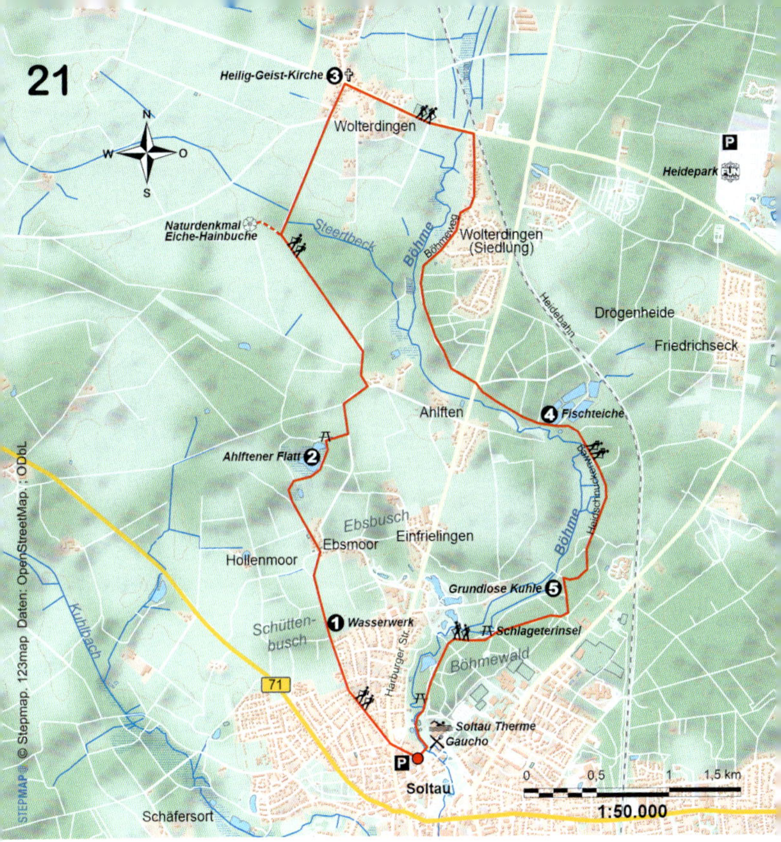

✝ Heilig-Geist-Kirche Wolterdingen

Auffällig an dieser Kirche ist vor allem der einzeln stehende Glockenturm, der 1799 erbaut wurde. Er enthält vier Glocken, von denen die älteste bereits 1350 gegossen wurde. Das gotische Kirchengebäude wurde 1396 erstmals erwähnt, der kleine Anbau stammt von 1925.

An der Kirche wenden Sie sich nach rechts und wandern auf einem Fahrradweg rechts der Straße aus dem Ort hinaus und auf die Bahnlinie zu.

Kurz vor der Bahnlinie (km 6,4) folgen Sie der Straße Auf dem Meeck nach rechts Richtung Wolterdingen-Siedlung. 500 m weiter nehmen Sie den Böhmeweg

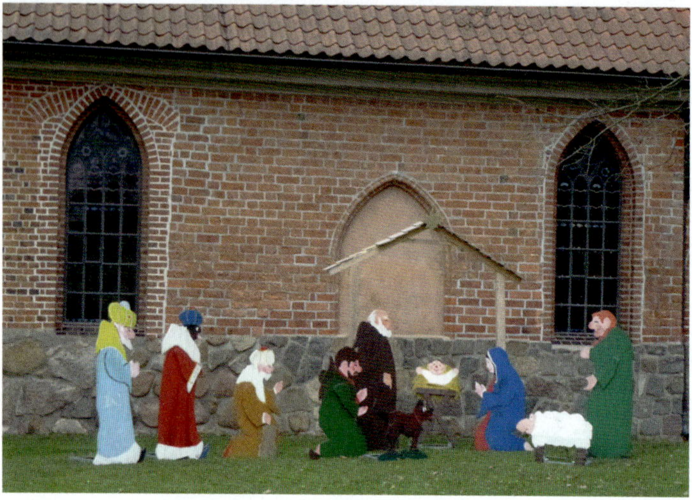

Weihnachtsdeko, Heilig-Geist-Kirche Wolterdingen

nach rechts (Wegmarkierung Radweg 12 und Wanderweg „F"). Bei einem hübschen, gelb-weißen Häuschen (km 7,2) gehen Sie auf einem Pfad in den Wald hinein (Radweg 12). Sie erreichen eine Gabelung (km 7,9) und folgen nach links dem Radweg 12 und dem Wanderweg „F".

Knapp dahinter liegt links des Weges eine Sandgrube, in der Sie den hier vorherrschenden Bodentyp, den Podsol, studieren können.

Nach Querung einer Hauptstraße (km 8,4) nehmen Sie nicht den geteerten Weg, sondern gehen an der Gabelung rechts weiter (Wanderweg „F"). Sie kommen an Fischteichen ❹ vorbei (km 8,9). Kurz hinter den Teichen folgen Sie an der Gabelung dem Heidschnuckenweg (H) nach rechts Richtung Grundlose Kuhle 1,5 km.

✎ Von hier bis zum Ende folgen Sie nun dem Heidschnuckenweg, der mit einem „H" gekennzeichnet ist.

Sie unterqueren eine Hochspannungsleitung (km 9,8) und erreichen einen Weg, der nach rechts die Böhme überquert (km 10,3). Hier gehen Sie aber nach links leicht bergan und kommen nach 100 m zur Grundlosen Kuhle ❺.

Grundlose Kuhle

Die Grundlose Kuhle geht wahrscheinlich auf Salzauslaugung und Einsturz des dabei entstandenen, unterirdischen Hohlraums zurück. Die „Kuhle“ soll 5 m tief sein.

Laufen Sie dreimal herum und rufen Sie „Pudelputputput“. Ein Schild verrät Ihnen, auf was Sie sich dann gefasst machen müssen.

An einem Haus mit Zaun (km 10,5) biegen Sie an einer Abzweigung nach rechts ab und 60 m weiter an einer Mehrfachkreuzung wieder rechts, immer dem Heidschnuckenweg folgend.

Sie erreichen an einer Bank eine Kreuzung (km 11,1).

Wenn Sie hier zur Böhme hinuntergehen, können Sie über eine Holzbrücke eine 1897 künstlich angelegte kleine Insel besuchen, die Schlageterinsel genannt wird.

Der Wanderweg führt weiter geradeaus bzw. folgt der Linkskurve des Waldweges, vorbei an einem kleinen Unterstand (km 11,2). Sie folgen geradeaus dem „H“ bis zu einem Wegweiser, der Sie nach links Richtung „Soltau-Therme 1 km“ schickt. Auch das „H“ führt nach links weiter.

An einer Waldpfadkreuzung gehen Sie geradeaus und erreichen einen eingezäunten Teich und, auf dem Hochufer, einen Unterstand (km 11,8). Knapp 100 m danach, nach einem schönen Mäander der Böhme, treffen Sie linker Hand auf einen Spielplatz und ein Fußballfeld und können im Hintergrund schon die Soltau-Therme sehen.

Soltau-Therme, Mühlenweg 17, 29614 Soltau, ☎ 051 91/844 81, info@soltau-therme.de, https://www.soltau-therme-online.de, Di-Fr 9:00-21:00, Sa-Mo + Feiertage + nds. Ferien 10:00-21:00

Am Eingang des Freibades vorbei gehen Sie auf die Therme zu und können bei km 12,2 über eine Brücke den Start-/Zielparkplatz erreichen.

Landkreis Lüneburg

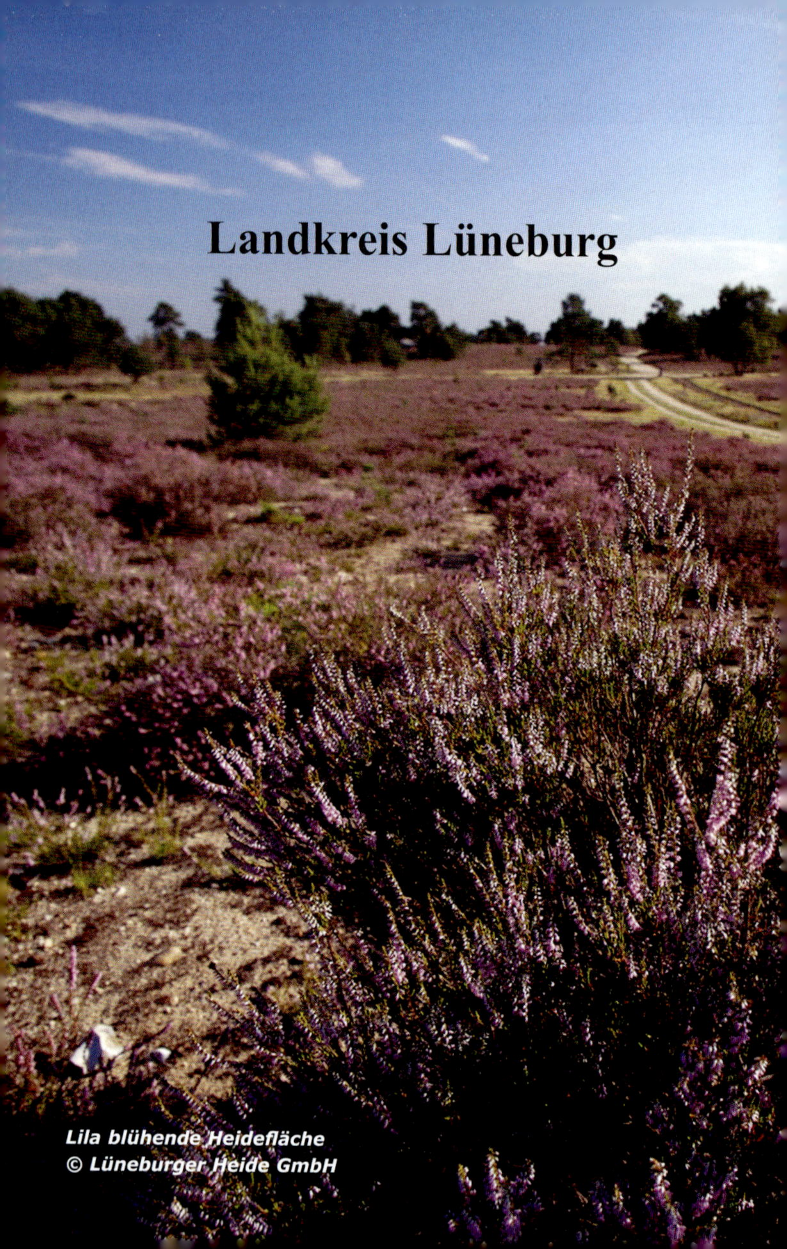

Lila blühende Heidefläche
© Lüneburger Heide GmbH

22 Heidepanorama 1

Wanderung für Liebhaberinnen und Liebhaber von Natur, Geschichte und Heide

Diese leichte Wanderung im Landschaftsschutzgebiet Schwindebeck führt Sie von der Schwindebachquelle aus zu den Kieselgurteichen an der Luhe und durch die westliche Schwindebecker Heide.

- Start/Ziel: Parkplatz an der Schwindebachquelle, Zur Schwindequelle, Soderstorf, GPS N 53°07.946' E 010°6.743'
- 6,8 km
- 2 Std.
- 65 m/65 m
- 51-83 m
- gelber Pfeil auf blauem Grund
- keine
- von der Schwindebachquelle bis zur Ortslage Schwindebeck befestigter Weg, danach unbefestigte oder verdichtete Feld- und Waldwege sowie Pfade
- viele Sitzbänke, Rastplätze und überdachte Tisch-Bank-Kombinationen, Unterstellmöglichkeit (km 1,2)
- Kieselgurteiche, Schwindebachquelle
- Teilweise erschweren Sand und (bei Regen) Matsch das Schieben.
- in der Brut- und Setzzeit vom 1.4. bis 15.7. Hunde nur an der Leine
- P Parkplätze: Start/Ziel (siehe oben), Schwindebecker Heide (km 3,6, GPS N 53°7.355' E 010°5.955')

Der Weg beginnt am Parkplatz an der Schwindebachquelle (☞ **Schwindebachquelle**, S. 106).

Es handelt sich hier um den westlichen Teil des Heidepanoramaweges, der zusammen mit dem später beschriebenen Weg Heidepanorama 2 einen 13,9 km langen Wanderweg in Form einer Acht ergibt.

Der gesamte Weg ist durch einen gelben Pfeil auf blauem Grund gekennzeichnet.

Zunächst gehen Sie auf dem geteerten Weg Richtung Schwindebeck (der Schwindebach verläuft rechts von Ihnen). Nach ca. 30 m geht nach links ein mit gelbem Pfeil markierter Wanderweg ab, dem bitte nicht folgen, sondern hier geradeaus auf der Teerstraße weitergehen.

Nach 500 m passieren Sie ein Café (aktuell geschlossen), biegen 400 m weiter auf der Steinbecker Straße nach rechts in das Örtchen Schwindebeck hinein ab und überqueren den Schwindebach. Sie erreichen eine Abzweigung und spazieren auf dem Rehrhofer Weg nach links weiter. An einer Bushaltestelle ❶ finden Sie Bänke, Tische, einen Unterstand und einen Aufsteller mit Infos zum Heidepanoramaweg (km 1,2).

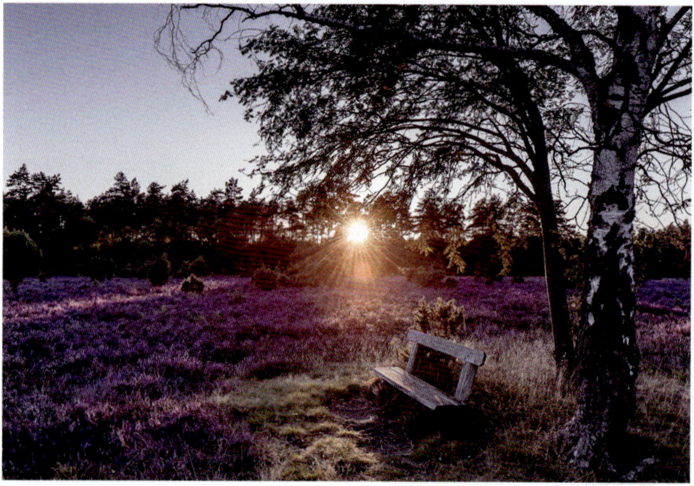

Romantischer Sitzplatz in der blühenden Heide © Lüneburger Heide GmbH

Gleich hinter einer Bahnlinie gehen Sie rechts parallel zur Bahn weiter (km 1,5). Der Weg führt Sie durch eine Linkskurve in den Wald und an Fischteichen vorbei. Sie folgen dem gut mit dem gelben Pfeil auf blauem Grund ausgeschilderten Weg und erreichen bald den ersten der Kieselgurteiche. Kurz vor dem Teich gehen Sie an der Weggabelung (km 2,3) rechts weiter. Geradeaus kommen Sie an den kleinen See und können schön picknicken.

100 m nachdem Sie an der Weggabel rechts abgebogen sind, erreichen Sie eine Bank mit einem schönen Blick auf die Kieselgurteiche ❷ und einem Infoschild mit der Frage: Was rettete die Hamburger vor der Cholera?

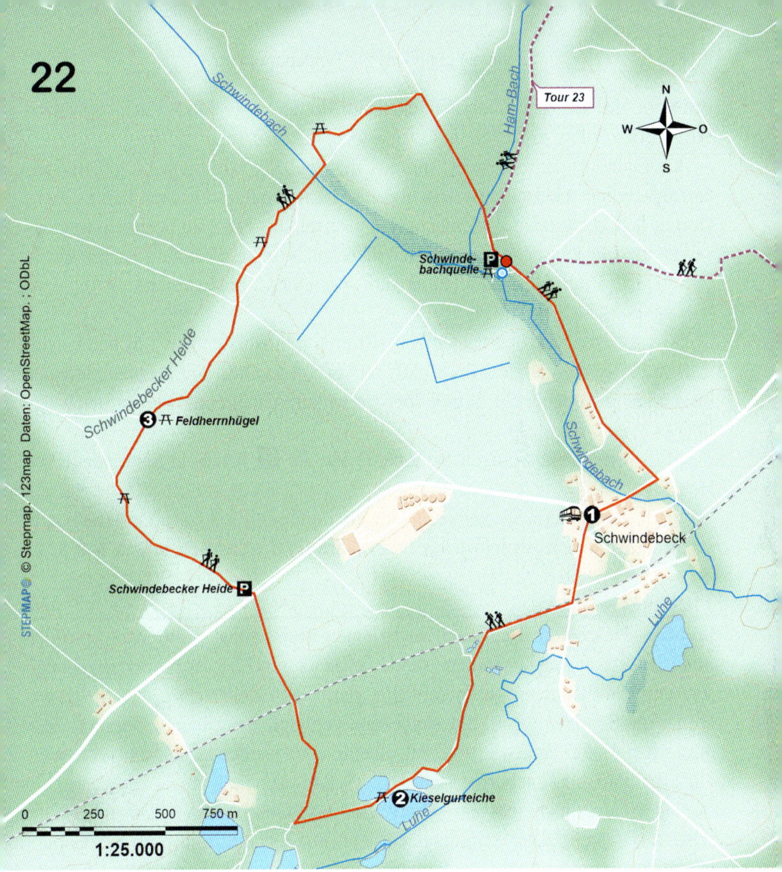

Kieselgurteiche

Was hier so schön nach natürlichen Teichen oder Seen aussieht, ist in Wirklichkeit das Überbleibsel einer industriellen Tätigkeit: Hier wurde vom ausgehenden 19. Jahrhundert bis zur Mitte des 20. Jahrhunderts im Tagebau Kieselgur abgebaut. Die Kieselgur ist eine weißliche Substanz aus den Schalen von Kieselalgen (Diatomeen), die den Hauptbestandteil des Planktons im Meer bilden. Sie sind zwischen 10 und mehreren 100 Mikrometern groß. Es gibt sie schon seit 2 Milliarden Jahren und ihnen und ihrer Menge und Fruchtbarkeit vor allem verdanken wir den Sauerstoff zum Atmen. Ihre Formenvielfalt und Schönheit sind atemberaubend. Als man das Ende des 19. Jahrhunderts herausfand, wurde es zur Mode, sich ein Mikroskop in den Salon zu stellen und Diatomeenpräparate anzuschauen.

Kieselgur wurde verwendet, um aus dem bei Erschütterung explodierenden Nitroglycerin erschütterungsresistentes und transportables Dynamit herzustellen. Und es half, die Choleraepidemie in Hamburg im Jahr 1892 zu beenden, weil das verkeimte Trinkwasser mit gebrannter Kieselgur – in sogenannten Berkefeld-Filtern im 1893 fertiggestellten Filtrierwerk – gereinigt werden konnte.

Sie passieren zwei überdachte Bank-Tisch-Kombinationen (km 2,5) und biegen 230 m hinter dem letzten Teich nach rechts ab (km 2,8). Sie kommen an einer dicken Eiche vorbei (km 3,2) und überqueren kurz dahinter auf einem Privatwegübergang eine Bahnlinie.

400 m weiter überqueren Sie eine Straße am P Parkplatz Schwindebecker Heide.

Ab jetzt wandern Sie immer geradeaus durch eine sehr schöne Heidelandschaft und kommen zur Infostelle „Das wilde Volk der Heidschnucken" (km 3,9).

Heidschnucke

Die Graue Gehörnte Heidschnucke ist eine Schafrasse, die untrennbar mit der Kulturlandschaft der Lüneburger Heide verbunden ist. Sie ist besonders genügsam und kann auf den trockenen, nährstoffarmen Heideflächen gehalten werden. Durch die Beweidung wird das Heidekraut verjüngt, der Überalterung und dem Absterben wird entgegengewirkt. Auch heute noch werden Heidschnuckenherden zur Erhaltung der Lüneburger Heide eingesetzt.

Die Heidschnucke hat ein silbergraues bis dunkelgraues Vlies, unbewollte schwarze Beine und ein schwarzes Gesicht. Die Lämmer sind nach der Geburt ganz schwarz und erhalten die Farbe der Eltern im zweiten Lebensjahr. Die Mutterschafe haben sichelförmig nach hinten gebogene Hörner, die Hörner der Böcke sind häufig schneckenförmig gewunden.

Heidschnucken haben ein sehr wohlschmeckendes, an Wild erinnerndes Fleisch, das in der EU das Siegel „geschützte Ursprungsbezeichnung" führt. Die lange, strähnige Wolle dagegen ist nur für grobe Gewebe geeignet.

Nach etwa 400 m passieren Sie noch zwei überdachte Bank-Tisch-Kombinationen und nehmen an der nächsten Gabelung die rechte Möglichkeit, um durch ein kleines Tal hindurch und auf der Gegenseite geradeaus hinaufzugehen. Sie erreichen schließlich auf dem Feldherrnhügel ❸ eine Bank mit sehr schöner Aus-

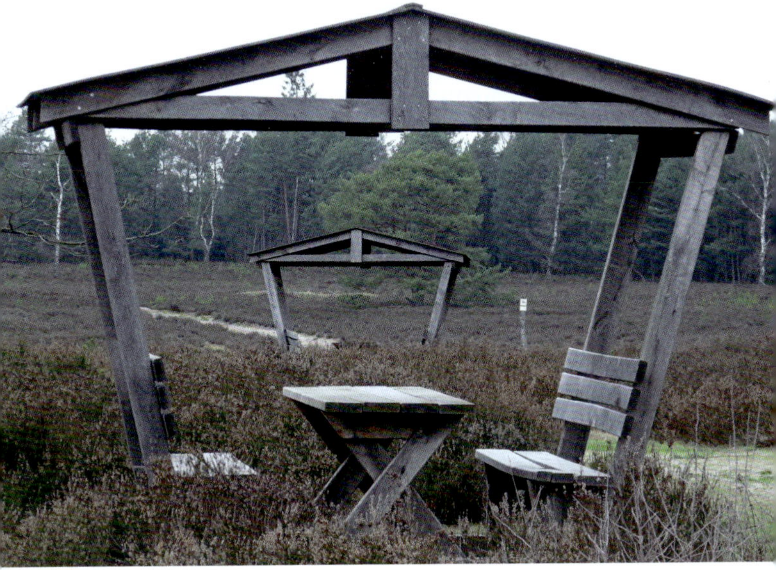

Picknickplatz mit Sonnenschutz

sicht und ein Infoschild zum Thema **Rote Flächen** (km 4,5; ☞ Rote Flächen, S. 105).

100 m dahinter, kurz nach einem Selfie-Point, liegt eine Bank-Tisch-Dach-Kombination. Eine weitere folgt nach 600 m. Am Ende der Heidefläche stoßen Sie auf eine Kreuzung (km 5,5). Sie gehen geradeaus weiter an einer Löschwasserentnahmestelle vorbei und den Hang hinauf. Kurz hinter der Waldpassage nehmen Sie an der Gabelung den linken Weg. An der darauffolgenden Gabelung (km 5,7) gehen Sie nach rechts, über eine kleine Heidefläche auf die Bänke und Tische zu. Hier können Sie einen Stempel für das „Amelinghäuser Heidediplom" bekommen.

Am Ende der kleinen Heidefläche verlassen Sie den Sandweg nach rechts auf einen Pfad (km 5,9) und erreichen nach 250 m eine T-Kreuzung. Rechts steht eine Tafel, die für den Heidepanoramaweg wirbt.

Sie folgen dem Weg nach rechts, gehen am Teerweg wieder rechts und erreichen die ❀ Schwindebachquelle, den Start- und Zielpunkt dieser Wanderung (km 6,8).

23 Heidepanorama 2

Wanderung für Liebhaberinnen und Liebhaber von Natur und Heide

Diese leichte Wanderung im Landschaftsschutzgebiet Schwindebeck führt Sie von der Schwindebachquelle durch die östliche Schwindebecker Heide nach Soderstorf und über den Hamberg wieder zurück.

- Start/Ziel: Parkplatz an der Schwindebachquelle, Zur Schwindequelle, Soderstorf, GPS N 53°07.946' E010°6.743'
- 7,1 km
- 2 Std.
- 73 m/73 m
- 50-83 m
- gelber Pfeil auf blauem Grund
- überwiegend unbefestigte oder verdichtete Feld- und Waldwege, befestigte Wege in der Ortslage von Soderstorf, zwischen Soderstorf und Thansen sowie auf einem kleinen Stück am Start/Ziel
- Café und Bäckerei in Soderstorf (von km 3,9 ca. 200 m entfernt)
- viele Sitzbänke
- Schwindebachquelle
- sandige Wege
- in der Brut- und Setzzeit vom 1.4. bis 15.7. Hunde nur an der Leine, Brücke über die Luhe mit Gitterrost (km 2,3)
- P am Start/Ziel

Der Weg beginnt am Parkplatz an der Schwindebachquelle (☞ **Schwindebachquelle**, S. 106).

Es handelt sich hier um den östlichen Teil des Heide-Panorama-Weges, der zusammen mit dem zuvor beschriebenen Weg Heidepanorama 1 einen 13,9 km langen Wanderweg in Form einer Acht ergibt.

Der gesamte Weg ist durch einen gelben Pfeil auf blauem Grund gekennzeichnet.

Zunächst gehen Sie auf dem geteerten Weg Richtung Schwindebeck (der Schwindebach verläuft rechts von Ihnen) und nehmen die erste Möglichkeit nach

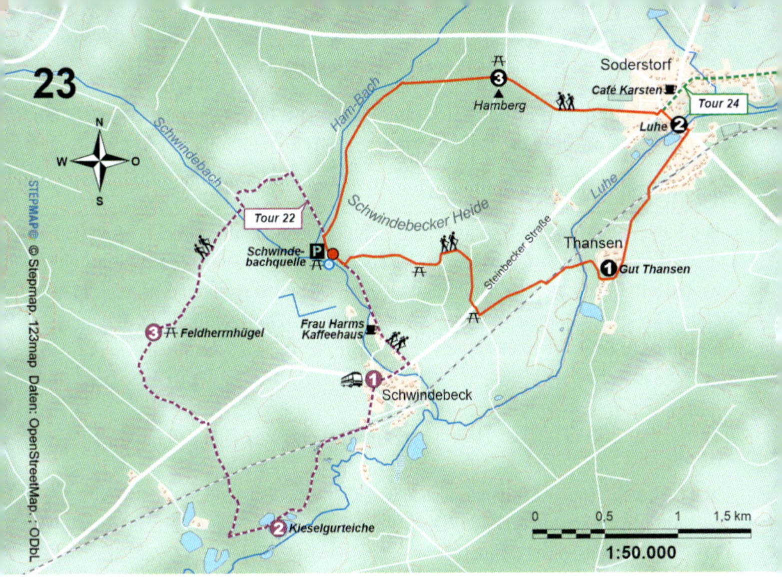

links (Richtung Thansen 2,6 km / Soderstorf 3,8 km). Sie durchqueren einen kleinen Waldstreifen und gehen dann geradeaus auf einem Sandweg leicht bergan in die Schwindebecker Heide hinein.

Auf der rechten Seite des Weges finden Sie eine Bank mit einem schönen Blick auf die Heidefläche (km 0,7).

Kurz vor dem Wald biegen Sie an der Gabelung nach links und kurz danach rechts ab und folgen dem Waldrand, bis Sie in einer Rechtskurve auf einem breiten Waldweg in den Wald hineingehen (km 0,9). Es stößt ein Weg von links dazu, Sie folgen in einer leichten Rechtskurve dem Hauptweg, der in eine Teerstraße übergeht (km 1,3). 100 m weiter überqueren Sie geradeaus die Steinbecker Straße.

Sie überqueren nicht die Bahnlinie, sondern biegen schon am Waldrand an einer Infotafel und Bank nach links ab. Sie halten sich geradeaus und erreichen eine Schonung auf der linken und eine Wiese auf der rechten Wegseite. Über einen Pfad erreichen Sie die Bahnlinie, überqueren sie (km 2) und wandern nach links entlang der Bahnlinie weiter und über einen kleinen Pfad durch die Wiesen auf die Luhe zu, die Sie am gewässerkundlichen Pegel Thansen (km 2,3) erreichen. 20 m dahinter gehen Sie über einen Bohlensteg an einem Gebäude vorbei und dann rechts auf einem Pfad weiter. Mit einer Mauer zur Linken wandern Sie um das Gut Thansen herum und erreichen einen gepflasterten Weg (km 2,6), dem Sie nach links folgen. Sie gehen am Gut ❶ vorbei, überqueren die Bahnlinie (km 3,2) und treffen in Soderstorf auf eine Straße (km 3,7), der Sie nach links Richtung Hörpel über die Luhe ❷ hinweg zur Hauptstraße (km 3,9) folgen.

Luhe

Die Luhe entspringt bei Bispingen und mündet nach ca. 58 km bei Winsen (Luhe) in die Ilmenau, die 3 km weiter in die Elbe einmündet. Auf diesen 58 km überwindet die Luhe einen Höhenunterschied von 80 m, was zu einer durchschnittlichen Fließgeschwindigkeit von 1 m/sec ausreicht. Die Einmündung der Luhe in die Ilmenau liegt auf einer Höhe von nur 2 m, sodass sie dort noch von der Tide beeinflusst wird.

Ca. 220 m auf der Hauptstraße nach rechts befindet sich ein Café.

Café/Bäckerei Karsten, Hauptstraße 29, 21388 Soderstorf, ☎ 041 32/388, Mo geschlossen, Di-Fr 7:00-12:00 und 14:00-18:00, Sa 6:00-12:00 und 14:00-17:00, So 8:00-11:00 und 14:00-18:00, Mitte Okt-Ende März Sa-So geschlossen

Sie überqueren die Hauptstraße und wandern gegenüber der Bushaltestelle den Moorweg entlang bis zum Ortsausgang, ins Landschaftsschutzgebiet hinein und einem Feldweg folgend immer leicht bergauf.

Sie erreichen eine Weggabel (km 4,6) und gehen halb rechts weiter, sodass der Waldrand zu Ihrer Linken liegt, bis auf den Hamberg. Dort stoßen Sie an eine Kreuzung (km 5,1), wo Sie einen Heidepanorama-Aufsteller und zwei Bänke ❸ finden. Es geht geradeaus weiter durch Kiefernhochwald. Nach 1 km verlassen Sie den Wald und spazieren am Waldrand entlang geradeaus weiter.

Sie kommen an einem Stahlbetonbehälter vorbei und erreichen eine Teerstraße (km 7), an der Sie sich nach links wenden und den Start- und Zielpunkt erreichen (km 7,1).

24 Lila Krönung 3: Soderstorf – Amelinghausen

Wanderung für Liebhaberinnen und Liebhaber von Natur, Heide und Geschichte

Auf dieser Etappe beeindrucken vor allem die jungsteinzeitlichen Hünengräber der Soderstorfer Nekropole und der Oldendorfer Totenstatt. Und in der Kronsbergheide finden Sie eine schöne Heidefläche.

- → Start: Soderstorf, Hauptstraße/Ecke Mühlenstraße, GPS N 53°8.462' E 010°8.795'; Ziel: Tourist-Info Amelinghausen, Marktstraße 1, Amelinghausen, GPS N 53°7.581' E 010°12.789'
- 11,4 km
- 3 Std.
- ↑↓ 121 m/102 m
- 40-72 m
- gelber Pfeil mit schwarzem Rand, grüne Wegweiser
- überwiegend unbefestigte oder verdichtete Feld- und Waldwege oder Pfade, in den Ortslagen befestigte Wege
- Café/Kiosk Lopauseeblick (bei km 9,1 ca. 200 m vom Weg), Café Seestübchen (bei km 9,7 ca. 100 m vom Weg), mehrere Einkehrmöglichkeiten am Ziel in Amelinghausen
- Unterstellmöglichkeit, WC, Tische und Bänke an der Oldendorfer Totenstatt (km 6,7), Bank an einem Weiher (Variante, km 7,9), Schutzhäuschen an der Kronsbergheide (km 8,4)
- verschiedene Möglichkeiten in Amelinghausen
- WC Oldendorfer Totenstatt (km 6,7)
- Hünengräber bei Soderstorf und der Oldendorfer Totenstatt, Tretbootfahren am Lopausee möglich
- Brücke bei km 2,2 für Buggys unpassierbar, Weg am Bach bei km 7,2 für Buggys ungeeignet (Variante möglich), teilweise sehr enge Pfade, sandiger Untergrund
- Brücke mit Gitterrost-Boden bei km 2,2, sonst keine Besonderheiten
- P Parkmöglichkeiten am Straßenrand in Soderstorf oder an der Nekropole
- Vom Bahnhof in Amelinghausen fährt ca. alle zwei Stunden ein Bus der Linie 5700 Richtung Bispingen, der auch in Soderstorf Ortsmitte hält. Auch nach Schneverdingen, zum Anfangspunkt der Lila Krönung, können Sie ca. alle zwei Stunden per Bus und Bahn fahren.

Soderstorf verlassen Sie über Hauptstraße und Wohlenbütteler Straße, den Wegweisern zur ⌘ Nekropole Soderstorf ❶ folgend (km 1,6).

Nekropole Soderstorf

Ein Großsteingrab aus der Jungsteinzeit, ein bronzezeitliches Hügelgrab und ein eisenzeitlicher Urnenfriedhof zeugen von der langen Geschichte dieses mit schöner Heide bestandenen Gräberfeldes. Besonders beeindruckend ist das 10 x 3 m große Hünengrab mit elf Trag- und vier Decksteinen, die offen liegen. Es wurde in der Zeit der Trichterbecherkultur, ca. 3500 bis 2800 v. Chr., erbaut und wahrscheinlich mehrfach genutzt.

Nekropole Soderstorf – Hünengrab

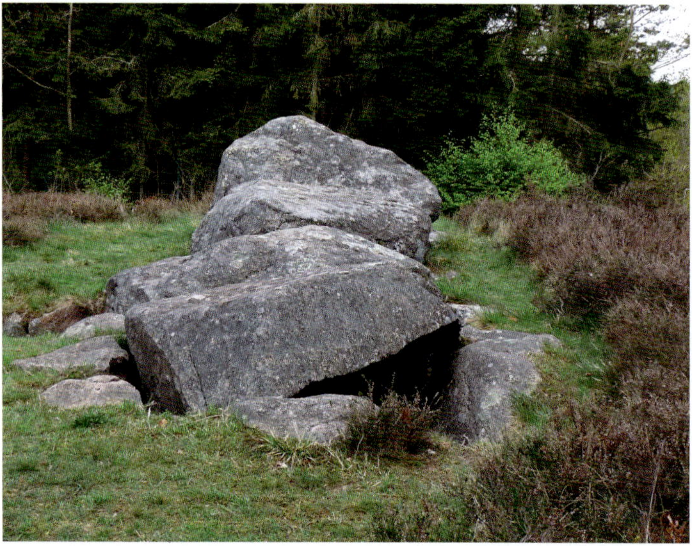

Sie wandern 200 m geradeaus bis zu einer Linkskurve der Straße und weiter geradeaus auf einem Pfad und stoßen auf die Umgehungsstraße. Hier gehen Sie rechts in einen kleinen Waldweg hinein. Der Weg macht unten im Tal eine Linkskurve und ist dann nur noch ein Pfad, der auf einer winzigen Brücke (km 2,3) die Luhe überquert.

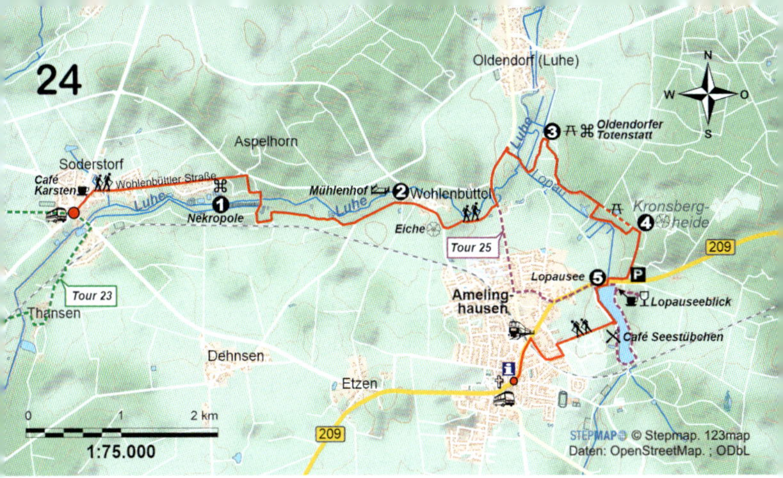

Sie passieren Fischteiche und verlassen den Waldweg nach links Richtung Wohlenbüttel (km 2,4).

Der Weg wird zum Pfad und stößt an einer T-Kreuzung auf einen geteerten Feldweg, dem Sie links folgen. Der Weg macht kurz darauf eine Rechtskurve und wird zum Sandweg.

Sie unterqueren eine Stromleitung (km 3,1) und wandern geradeaus weiter, kommen linker Hand an Fischteichen vorbei, halten sich an der folgenden Kreuzung halb rechts und wandern auf der schmalen Teerstraße (km 3,7) (= Niedersächsische Mühlenstraße) nach links.

Sie erreichen am Mühlenhof Wohlenbüttel ❷ und kurz hinter dem Hof eine Kreuzung (km 4,3), an der Sie geradeaus weiter Richtung Amelinghausen gehen. In einer leichten Rechtskurve der Teerstraße biegen Sie bei einer großen Eiche (km 4,7) nach links ab. Der Weg wird wieder zum Pfad, der Sie zu einer Landstraße (km 5,4) bringt. Sie folgen der Landstraße nach links über die Luhe hinüber und durch ein Waldstück. Dahinter sehen Sie auf der gegenüberliegenden Fahrbahnseite einen gelben Pfeil, der nach rechts weist. Sie folgen dem Feldweg Richtung Totenstatt hinunter zur Luhe (km 6).

Sie überqueren die Luhe, wandern auf einem Pfad zur Einmündung der Lopau in die Luhe und dann an der Lopau aufwärts. Sie passieren in einer Linkskurve einen Hinweisfindling, der die frühere Einmündung der Lopau in die Luhe anzeigt, und stoßen auf einen Feldweg, der Sie geradeaus zur ⌘ Oldendorfer Totenstatt ❸ (km 6,7, ☞ Tour 25, S. 146) führt. Zum Rasten finden Sie Tische und Bänke, eine Unterstellmöglichkeit und ein WC.

Von der Rastmöglichkeit aus wandern Sie auf einem Pfad nach rechts in die Heidefläche hinein. Sie kommen am Hünenbett IV vorbei und zum Ende der Totenstatt, wo Sie dem Weg Lila Krönung und dem Luhewanderweg folgen (km 7).

Sie stoßen auf eine T-Kreuzung (km 7,3) und gehen links durch Kiefernwald weiter Richtung Kronsbergheide/Lopausee. Nach 500 m biegen Sie nach rechts ab (Richtung Brücke und Lehrpfad).

Sie könnten hier auch geradeaus auf diesem Weg weitergehen. Sie treffen zunächst auf einen Teich mit Bänken und nach 400 m wieder auf den Wanderweg.

Dem Lehrpfad folgen Sie nach links bachaufwärts auf einem kleinen, heimeligen Pfad, der schließlich wieder auf den Waldweg trifft, den Sie eben verlassen haben. Sie wenden sich nach rechts und stoßen kurz darauf bei einem kleinen, reetgedeckten Schutzhäuschen auf die Heideflächen der Kronsbergheide ❹ (km 8,5).

Sie wandern nach rechts Richtung Amelinghausen und erreichen nach 400 m einen Parkplatz. Auf der rechten Seite des Parkplatzes folgen Sie den Schildern Richtung Amelinghausen. Sie unterqueren die Hauptstraße und kommen zum Lopausee ❺ (km 9,2).

Nach links erreichen Sie ein Café.

Café/Kiosk Lopauseeblick, WC, Tretbootverleih, Auf der kalten Hude 4, 21385 Amelinghausen, ☏ 041 32/12 25, noch nicht festgelegt

Sie wenden sich nach rechts, gehen ein Stück am Ufer entlang und biegen kurz vor dem Café Seestübchen an einer Bank über dem Wasser (km 9,8) nach rechts ab.

Café Seestübchen, An der Lopau 4, 21385 Amelinghausen, ☏ 041 32/336, www.seestuebchen.de, Mo + Mi-Fr 13:30-18:00, Sa-So 11:30-18:00, Di Ruhetag, Nebensaison nur nach Absprache

Vom Uferweg kommend stoßen Sie auf eine Teerstraße, biegen rechts ab und ganz kurz darauf wieder nach links. Die Straße, in die Sie nach links einbiegen, heißt Seepromenade.

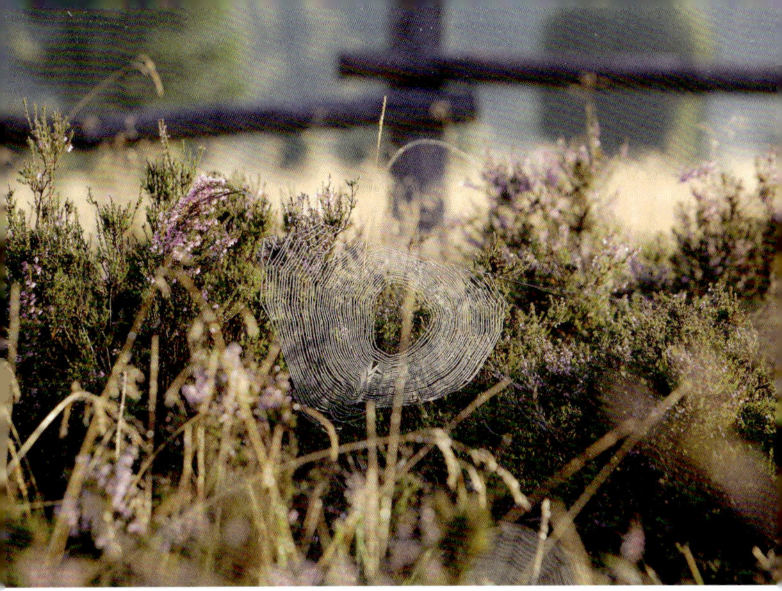

Spinnennetz in der Heide © Lüneburger Heide GmbH

An der T-Kreuzung gehen Sie nach links (km 10,4) und dann nach rechts die Straße Im Suderfelde durch eine Einzelhaussiedlung leicht bergauf. Sie begleiten die Bahnlinie ein bisschen und stoßen auf die Hauptstraße (km 11), der Sie nach links in den Ort hinein bis zur Tourist-Info von Amelinghausen (km 11,4) folgen.

✕ Am Weg liegen mehrere Restaurants und Bäckereien.

Übernachten können Sie z. B. in der Pension Thieshof, Lüneburger Straße 18, 21385 Amelinghausen, ☏ 041 32/409, info@thieshof.de, www.thieshof.de, DZ € 67

i Weitere Übernachtungsmöglichkeiten können Sie bei der Tourist-Info Amelinghausen (Marktstr. 1, 21385 Amelinghausen, ☏ 041 32/92 09 43, www.amelinghausen.de) oder bei der Lüneburger Heide GmbH (☞ Reise-Infos, Unterkünfte) erfragen.

㉕ Amelinghausen

Wanderung für Liebhaberinnen und Liebhaber von Natur, Heide und Geschichte

Diese leichte Wanderung führt Sie rund um den Lopausee, zu den Hünengräbern der Oldendorfer Totenstatt und zur Kronsbergheide.

Start/Ziel: Parkplatz am Lopausee, Amelinghausen, GPS N 53°7.983' E 010°14.050'
8,1 km
2 Std. 30 Min.
87 m/87 m
39-62 m
Lila Krönung (gelber Pfeil auf schwarzem Grund, grüne Wegweiser) (km 3,8-km 8,1)
in Amelinghausen und zwischen Amelinghausen und der Luhe befestigt, sonst unbefestigte oder verdichtete Feld- und Waldwege, einige Pfade
viele Sitzbänke, Unterstellmöglichkeit, Tische und Bänke an der Oldendorfer Totenstatt (km 5,2), Schutzhäuschen an der Kronsbergheide (km 7)
Café/Kiosk Lopauseeblick (km 0,2), Café Seestübchen (km 1,4), von km 2,5 bis Amelinghausen (Zentrum) mehrere Einkehrmöglichkeiten
WC Café/Kiosk Lopauseeblick (km 0,2), Oldendorfer Totenstatt (km 5,2)
Tretbootverleih am Lopausee, Hünengräber in der Oldendorfer Totenstatt
Steg mit Stufen über die Luhe bei km 4,8. Der Pfad am Bach bei km 6,2 ist für Buggys ungeeignet, folgen Sie besser der Variante geradeaus.
Am Lopausee ist der Weg besonders gut für Hunde geeignet.
P Parkplatz am Lopausee, Auf der kalten Hude, Amelinghausen

Vom Parkplatz folgen Sie dem Schild „Lopausee" zum See.

Café/Kiosk Lopauseeblick, WC, Tretbootverleih, Auf der kalten Hude 4, 21385 Amelinghausen, ☏ 041 32/12 25, noch nicht festgelegt

Der Weg links um den See herum ist ein schöner Spaziergang, viele Bänke und das Café Seestübchen ❶ (km 1,4) laden zu einer Pause ein.

Café Seestübchen, An der Lopau 4, 21385 Amelinghausen, ☏ 041 32/336, www.seestuebchen.de, Mo + Mi-Fr 13:30-18:00, Sa-So 11:30-18:00, Di Ruhetag, Nebensaison nur nach Absprache

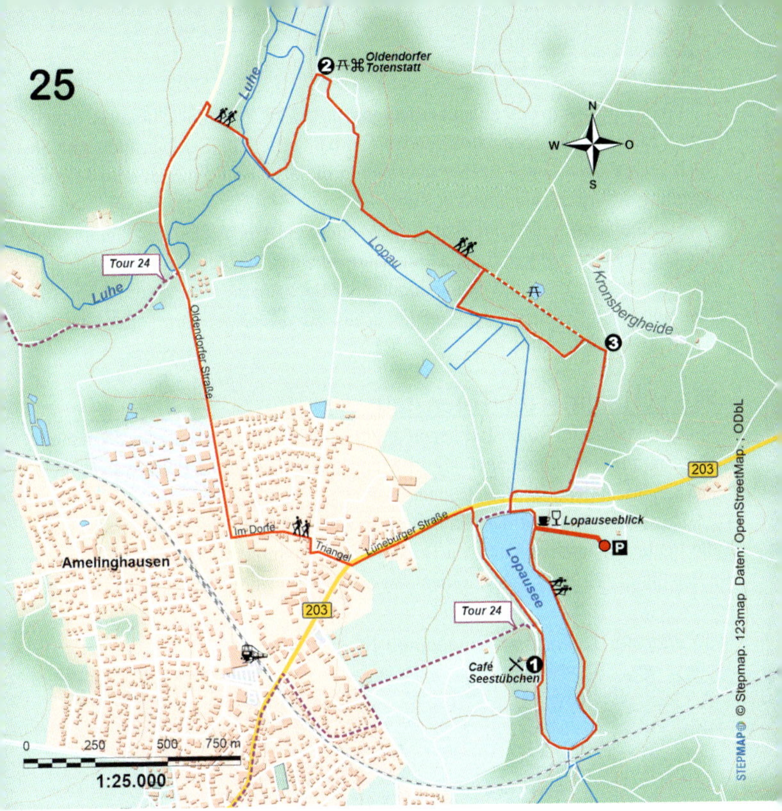

Auf dem Wanderweg biegen Sie erst kurz vor der Straße nach links auf eine kleine Teerstraße ab. Sie kommt vom Café und führt nach rechts zur Hauptstraße.

Auf der Hauptstraße (km 2) gehen Sie links nach Amelinghausen. Im Ort biegen Sie hinter dem Schild zum Biohofladen rechts in die Straße Triangel ab (km 2,5). An der folgenden T-Kreuzung müssen Sie rechts und dann gleich links abbiegen. Auf der Straße Im Dorfe gehen Sie bis zur Oldendorfer Straße (km 3), auf der Sie nach rechts den Ort verlassen.

Sie überqueren auf einer Straßenbrücke die Luhe (km 3,8).

✎ Von hier bis zum Ende der Wanderung folgen Sie dem Wanderweg Lila Krönung (gelber Pfeil mit schwarzem Rand).

Wenn Sie nach der Luheüberquerung aus dem Waldstück herauskommen, sehen Sie auf der gegenüberliegenden Fahrbahnseite einen gelben Pfeil, der Sie nach rechts weist (km 4,5). Sie überqueren die Straße und folgen dem Feldweg Richtung Totenstatt hinunter zur Luhe.

Sie überqueren die Luhe (km 4,8), wandern auf einem Pfad zur Einmündung der Lopau in die Luhe und dann an der Lopau aufwärts. Sie passieren einen Hinweisfindling, der die frühere Einmündung der Lopau in die Luhe anzeigt, und stoßen auf einen Feldweg, der Sie geradeaus zur ⌘ Oldendorfer Totenstatt ❷ (km 5,3, ⩩, WC) führt.

⌘ Oldendorfer Totenstatt

In der Oldendorfer Totenstatt liegen inmitten einer schönen Heidefläche mehrere Hünengräber und Grabhügel. Von der Jungsteinzeit bis in die Völkerwanderungszeit hinein fanden hier Bestattungen statt.

Das älteste Grab ist das Hünenbett III. Es besaß noch eine Kammer aus Holz, die heute nur noch anhand von Bodenverfärbungen nachgewiesen werden kann. Etwas jünger ist das Grab I, in dem ein etwa fünfzigjähriger Mann und eine drei-

Oldendorfer Totenstatt – Hünengrab IV

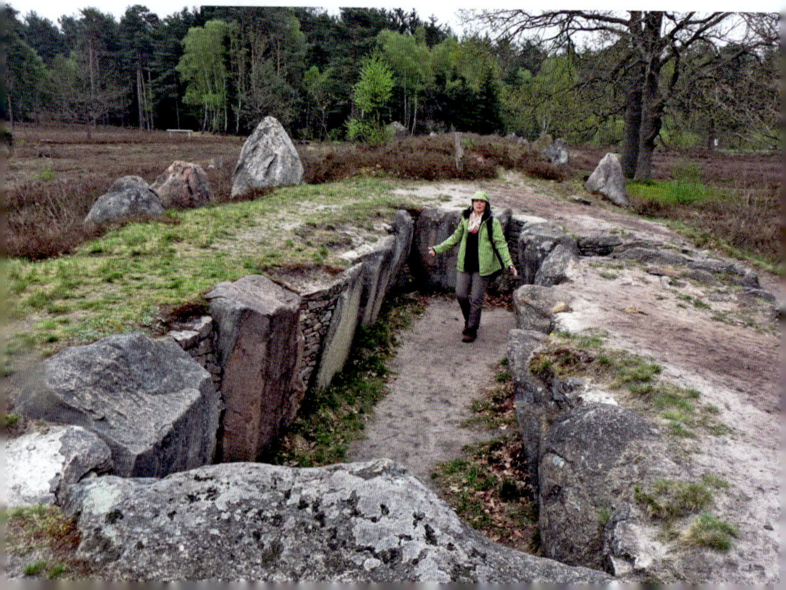

ßigjährige Frau bestattet waren. Noch etwas jünger sind die Hünengräber II und das gut erhaltene und beeindruckende Grab IV.

Die Großsteingräber gehören in die Zeit der Megalithkultur, die auf ca. 3500-2800 v. Chr. datiert wird. Die Keramikgefäße dieser Zeit besitzen typischerweise ein bauchiges Unterteil und ein deutlich abgesetztes Oberteil, das an einen Trichter erinnert. Sie sind für die Bezeichnung „Trichterbecherkultur" verantwortlich. Die Trichterbecherleute waren die ersten, die im nördlichen Mitteleuropa Ackerbau und Viehzucht betrieben. Und dazu mussten sie Wald roden und Freiflächen schaffen.

Da man unter ihren Megalithgräbern bereits Heidereste finden konnte, kann man davon ausgehen, dass hier bereits zur Zeit der Trichterbecherkultur Heideflächen entstanden waren.

Von der Rastmöglichkeit aus wandern Sie auf einem Pfad nach rechts in die Heidefläche hinein. Sie kommen dann am Hünenbett IV vorbei und zum Ende der Totenstatt, wo Sie dem Weg Lila Krönung und dem Luhewanderweg folgen (km 5,5).

Sie stoßen auf eine T-Kreuzung (km 5,8) und gehen links durch Kiefernwald weiter Richtung Kronsbergheide. Nach 500 m biegen Sie nach rechts ab Richtung Brücke und Lehrpfad.

↳ Sie könnten hier auch geradeaus Weg weitergehen. Sie treffen zunächst auf einen ⛼ Teich mit Bänken und nach 400 m wieder auf den Wanderweg.

Dem Lehrpfad folgen Sie nach links bachaufwärts auf einem kleinen, heimeligen Pfad, der schließlich wieder auf den Waldweg trifft, den Sie eben verlassen haben. Sie wenden sich nach rechts und stoßen kurz darauf bei einem kleinen, reetgedeckten Schutzhäuschen (km 7) auf die Heideflächen der ✿ Kronsbergheide ❸.

Sie wandern nach rechts Richtung Amelinghausen und erreichen nach 400 m einen Parkplatz. Auf der rechten Seite des Parkplatzes folgen Sie den Schildern Richtung Hochseilgarten/Amelinghausen. Sie unterqueren die Hauptstraße und sind wieder zurück am Lopausee (km 7,7). Nach links erreichen Sie den Start- und Zielpunkt, den Parkplatz (km 8,1).

26 Lopausee

Familienspaziergang am See

Die Tour am Lopausee ist ein Spaziergang für die ganze Familie. Es gibt Tretboote und Spielmöglichkeiten für die Kinder, schattige Bänke, Kaffee und Kuchen erfreuen die Eltern oder Oma und Opa.

Start/Ziel: Parkplatz am Lopausee, Amelinghausen, GPS N 53°7.983' E 010°14.050'
2,4 km
1 Std.
27 m/27 m
44-54 m
keine
verdichtete Wege
Café/Kiosk Lopauseeblick (km 0,2), Café Seestübchen (km 1,4)
viele Sitzbänke
WC am Café/Kiosk Lopauseeblick (km 0,2)

Familienerlebnispfad am Lopausee

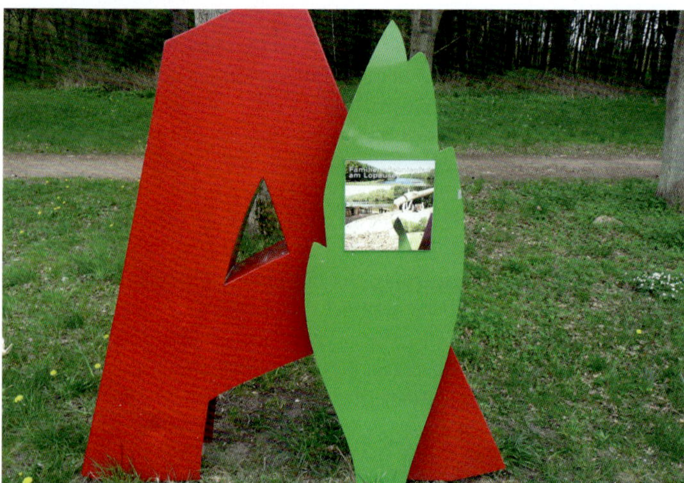

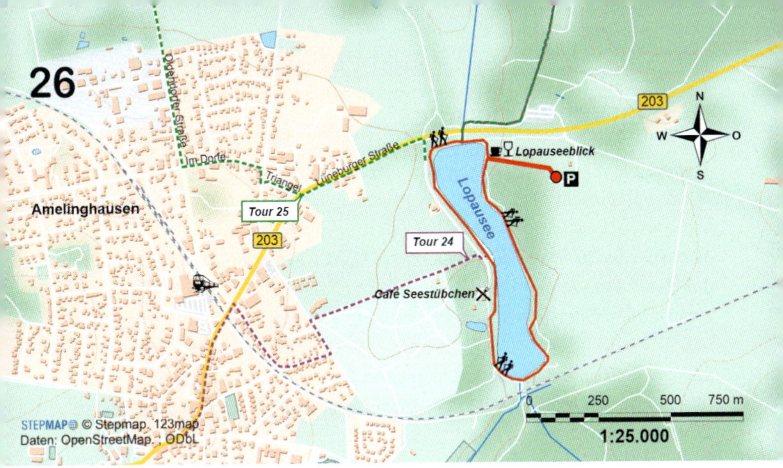

See mit Tretbooten, Spielmöglichkeiten

befestigte Wege

Mülleimer, Wasser, gute Wege

P Parkplatz am Lopausee, Auf der kalten Hude, Amelinghausen

Vom Parkplatz folgen Sie dem Schild „Lopausee" zum See. Dort finden Sie neben dem ✕ Café Lopauseeblick ❶ auch einen Anleger und einen Tretbootverleih.

✕ **Café/Kiosk Lopauseeblick**, WC, Tretbootverleih, Auf der kalten Hude 4, 21385 Amelinghausen, ☏ 041 32/12 25, noch nicht festgelegt

Der Weg verläuft nach links direkt am See einmal um ihn herum, es gibt viele Bänke und am oberen Teil des Sees finden Sie Spielmöglichkeiten für Kinder. Auf der westlichen Seite wurden direkt am Wasser ein Familienerlebnispfad mit vielen Sitzplätzen und einige Spielmöglichkeiten für Kinder angelegt.

Ebenfalls auf der Westseite (km 1,4) liegt das Café Seestübchen ❸.

✕ **Café Seestübchen**, An der Lopau 4, 21385 Amelinghausen, ☏ 041 32/336, www.seestuebchen.de, Mo + Mi-Fr 13:30-18:00, Sa-So 11:30-18:00, Di Ruhetag, Nebensaison nur nach Absprache

27 Marxener Paradies

Wanderung für Liebhaberinnen und Liebhaber von Natur, Heide und Geschichte

Vom Friedhof ins Paradies (und Gott sei Dank wieder zurück), dafür brauchen Sie auf dieser Wanderung nur 12 km. In der Oldendorfer Totenstatt finden Sie eindrucksvolle Hünengräber und im Marxener Paradies eine schöne Heidefläche.

Start/Ziel: Archäologisches Museum in Oldendorf, GPS N 53°9.241' E 010°12.835'. Alternativ können Sie auch an einem der unten genannten Parkplätze starten.

12,1 km

3 Std. 30 Min.

131 m/131 m

38-97 m

Lila Krönung (gelber Pfeil mit schwarzem Rand, grüne Wegweiser) (km 1-km 3,8), Wanderweg A2 (km 3,9-km 7)

überwiegend unbefestigte oder verdichtete Feld- und Waldwege oder Pfade, in den Ortslagen von Marxen und Oldendorf sowie auf einem Teilstück zwischen Marxen und Oldendorf befestigt

Restaurant Bei Nico am Start/Ziel in Oldendorf, Café/Kiosk Lopauseeblick (km 3,9, ca. 200 m vom Parkplatz)

viele Sitzbänke, Oldendorfer Totenstatt (km 1,6), Bänke an einem Weiher (km 2,8, Variante), Kronsbergheide (km 3,4), Marxener Paradies (km 7,3)

WC Oldendorfer Totenstatt (km 1,6)

Hünengräber, Tretbootfahren am Lopausee möglich (ca. 200 m vom Weg entfernt)

teilweise enge Pfade, die nicht für Buggys geeignet sind (km 0,3-km 1, km 5,7), ungeeigneter Pfad am Bach entlang bei km 2,1, der aber durch die Wegvariante umgangen werden kann

Leinenpflicht nur in der Setzzeit vom 1.4. bis 15.7., mehrere Wasserstellen

P Parkplatz am Lopausee, Auf der kalten Hude, Amelinghausen, GPS N 53°7.983' E 010°14.050'; Parkplatz auf der dem Lopausee gegenüberliegenden Straßenseite, GPS N 53°8.123' E 010°13.945'; Parkplatz beim Marxener Paradies, Drögennindorfer Straße, Oldendorf, GPS N 53°9.438' E 010°15.390'

Der Weg beginnt am Archäologischen Museum in Oldendorf.

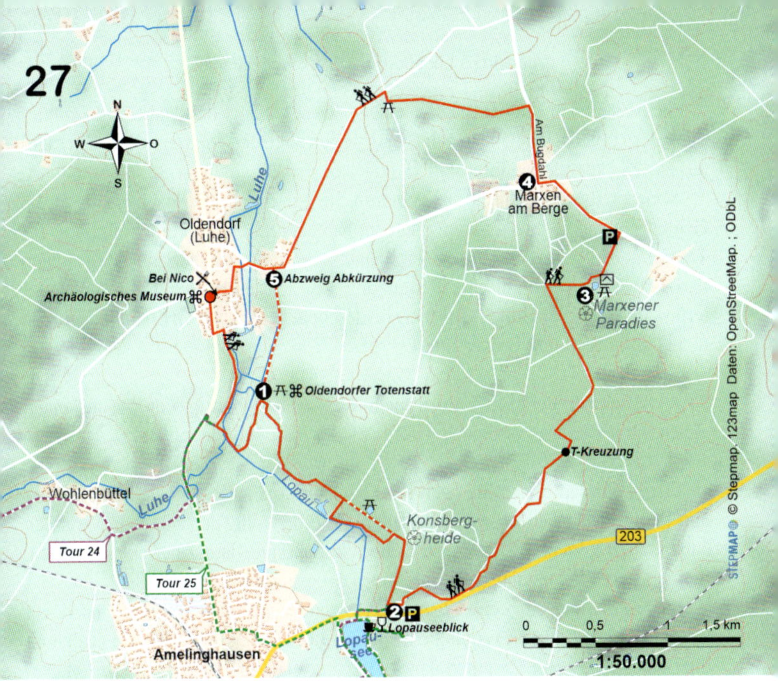

⌘ **Archäologisches Museum**, Amelinghausener Straße 16, 21385 Oldendorf (Luhe), ☏ 041 32/93 25 65, 💻 www.museum-oldendorf.de, 🚪 Sa-So 13:00-16:00

✕ **Restaurant Bei Nico**, Amelinghausener Straße 19, 21385 Oldendorf (Luhe), ☏ 041 32/16 97, 💻 www.beinico.de, 🚪 Mo und Mi-Sa 17:30-21:30, So und Feiertage 12:00-14:30 und 16:30-21:00, Di Ruhetag

Sie gehen vom Museum aus auf der Hauptstraße nach Süden, biegen kurz vor dem Ortsschild nach links in den Mühlenweg ein und nehmen rechts (km 0,3) den Waldweg Richtung Totenstatt entlang der Luhe. Kurz bevor die Lopau in die Luhe mündet, überqueren Sie eine Brücke (km 1,1) über die Luhe und gehen anschließend die Lopau aufwärts.

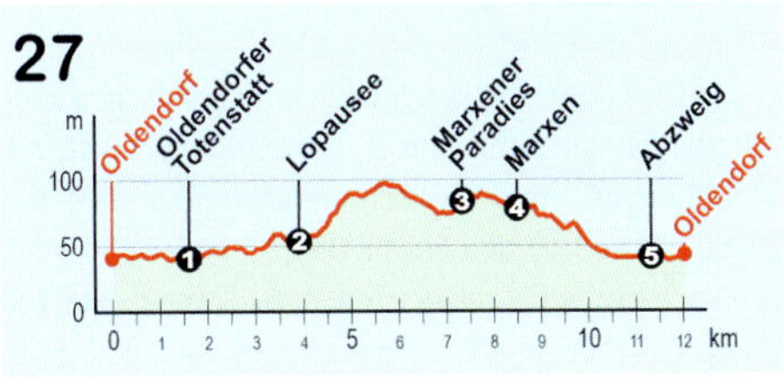

Sie passieren in einer Linkskurve einen Hinweisfindling, der die frühere Einmündung der Lopau in die Luhe anzeigt, und stoßen auf einen Feldweg, der Sie geradeaus zur ⌘ Oldendorfer Totenstatt ❶ (km 1,6, WC, ☞ Tour 25, S. 146) führt.

Von der Rastmöglichkeit aus wandern Sie auf einem Pfad nach rechts in die Heidefläche hinein. Sie kommen dann am Hünenbett IV vorbei und zum Ende der Totenstatt, wo Sie dem Weg Lila Krönung und dem Luhewanderweg folgen (km 1,9). Sie stoßen auf eine T-Kreuzung (km 2,2) und gehen links durch Kiefernwald weiter Richtung Kronsbergheide/Lopausee. Nach 500 m biegen Sie rechts ab in Richtung Brücke und Lehrpfad.

Wenn Sie geradeaus auf diesem Weg weitergehen, treffen Sie auf einen Teich mit Bänken und nach 400 m wieder auf den Wanderweg.

Dem Lehrpfad folgen Sie nach links bachaufwärts auf einem kleinen, heimeligen Pfad, der schließlich wieder auf den Waldweg trifft, den Sie eben verlassen haben. Sie wenden sich nach rechts und stoßen kurz darauf bei einem kleinen, reetgedeckten Schutzhäuschen auf die Kronsbergheide (km 3,4).

Sie wandern nach rechts Richtung Amelinghausen und erreichen nach gut 400 m einen Parkplatz ❷, den Sie nach links überqueren und am Rand nach links über eine Holzbrücke verlassen (km 4), wo ein verwittertes Schild auf das Marxener Paradies hinweist.

✎ Sie folgen ab hier dem Wanderweg A2.

Wenn Sie den Parkplatz geradeaus, auf die Hauptstraße zu, überqueren und an seinem Ende nach rechts einem kleinen Weg folgen, erreichen Sie den Lopausee, an dem Sie nach links das Café/Kiosk Lopauseeblick sehen können.

✕ **Café/Kiosk Lopauseeblick**, WC, Tretbootverleih, Auf der kalten Hude 4, 21385 Amelinghausen, ☏ 041 32/12 25, noch nicht festgelegt

150 m weiter biegen Sie nach rechts in die kleine Heidefläche hinein ab. Kurz vor der Hauptstraße (km 4,4) wenden Sie sich nach links und wandern durch Wald bergauf. An der ersten Gabelung (km 4,8) nehmen Sie den rechten, an der zweiten (km 4,9) den linken Weg.

Nach etwas Offenland und Wald kommt eine T-Kreuzung mit einem größeren Waldweg. Hier wandern Sie leicht links versetzt geradeaus in einen düsteren Fich-

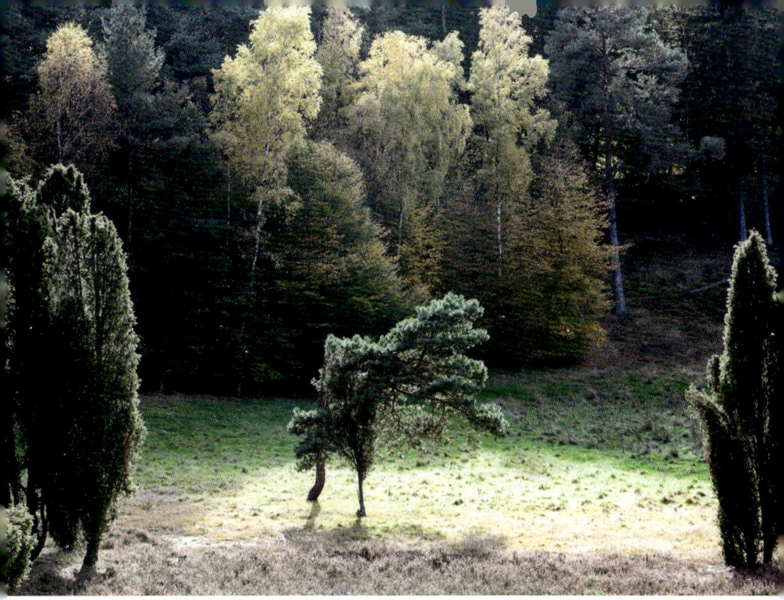

Verwunschene Bäume bei Marxen © Lüneburger Heide GmbH

tenhochwald hinein. Der Weg wird zum Pfad. Sie folgen dem Wanderweg A2 nach knapp 100 m nach links und nach weiteren 100 m nach rechts (km 5,9) und erreichen eine Wegspinne mit fünf Wegen (km 6,3).

Über den Waldweg links erreichen Sie eine weitere Wegspinne mit fünf Wegen (km 7,1). Hier nehmen Sie rechts den für Reiterinnen und Reiter gesperrten Weg Richtung Marxener Paradies.

✎ Ab hier folgen Sie nicht mehr dem nach links abbiegenden Wanderweg A2!

Am ✿ Marxener Paradies (km 7,3) ❸ finden Sie mit Wacholder bestandene Heideflächen an den Hängen, in der Mitte einen Teich, ⩩ Tische und Bänke sowie eine Schutzhütte zum Rasten.

Der Wanderweg führt Sie am linken Rand des Marxener Paradieses entlang. Sie gehen links an der Schutzhütte vorbei den Berg hinauf bis zur Straße. Dort liegt ein 🅿 Parkplatz (km 7,8) mit Infopunkt, der sich als alternativer Start-/Zielpunkt für diese Wanderung oder für eine kurze Stippvisite zum Marxener Paradies anbietet.

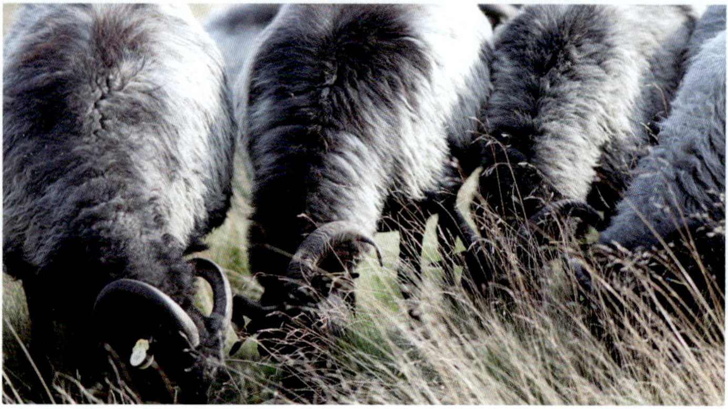

Heidschnucken © Lüneburger Heide GmbH

Sie wandern auf der Straße nach links. Kurz hinter dem Ortsschild von Marxen macht die Straße eine Linkskurve und kurz dahinter biegen Sie Richtung Wetzen rechts auf die Straße Am Bugdahl ab ❹ (km 8,5).

Auf einem Rad-Fuß-Weg auf der linken Seite wandern Sie aus dem Ort hinaus. Links ist zunächst Feld, dann Wald. Im Wald geht ein unscheinbarer, wenig befahrener Waldweg links vom Rad-Fuß-Weg ab (km 9). Auf diesem Weg wandern Sie erst durch Wald und dann am Waldrand entlang. Schließlich ist beidseits für ca. 50 m Ackerland (km 9,9). Am Ende dieses Ackerlandstreifens gehen Sie rechts durch ein Stückchen Wald und bei einer Bank (km 10) nach rechts zur Straße. Auf der schmalen Straße wandern Sie links nach Oldendorf. Dort stoßen Sie auf eine Hauptstraße (km 11,5), der Sie nach rechts folgen.

↳ 70 m dahinter ❺ könnten Sie nach links zur 900 m entfernten Oldendorfer Totenstatt gehen. Diese Möglichkeit bietet sich an, wenn Ihr Start-/Zielpunkt nicht am Archäologischen Museum liegt. Sie sparen dadurch den Umweg durch Oldendorf.

Sie folgen geradeaus dem Rad-Fuß-Weg und überqueren die Luhe. An einem Schild, das über Libellen informiert, gehen Sie nach links in eine Sackgasse (für Fahrzeuge). Sie überqueren per Holzbrücke ein Flüsschen, gehen links um die Kurve und auf der kleinen Kösterstraße bis zum Abzweig des Kötnerweges, dem Sie nach rechts zurück zum Museum folgen (km 12,1).

28 Lopau

Spaziergang für Naturliebhaberinnen und Naturliebhaber

Der Weg entlang der Lopau mit ihren Wiesen und den aufgestauten Teichen ist sehr idyllisch und durch seine Lage am Nordrand des Truppenübungsplatzes Munster etwas „ab vom Schuss". Das gleichnamige Dorf Lopau ist ein verlassener Ort und man braucht schon etwas Fantasie, um sich die Betriebsamkeit im Dorf und auf dem Toepfferschen Gut vorzustellen, die Anfang des 20. Jahrhunderts hier geherrscht haben mag. Ganz real ist dagegen die Möglichkeit, auf diesem Weg einem Wolf zu begegnen.

Start und Ziel: Parkplatz am Ortsschild von Lopau, GPS N 53°3.338' E 010°12.334'
6 km
1 Std. 45 Min.
97 m/97 m
65-90 m
weißer Stern (km 0-km 0,5 und km 3,2-km 6), auf dem Kopf stehendes blaues Dreieck (km 0,5-km 0,9)
unbefestigte oder verdichtete Feld- und Waldwege oder Pfade
keine Einkehrmöglichkeiten
Bank am Königsteich (km 2,1), umgefallene Eiche (km 4,2), Schutzhäuschen Töpferturm (km 4,7), Bank am Ostermoorteich (km 5,2)
keine Besonderheiten
schmale Pfade (km 3,2-km 6)
kein Naturschutzgebiet, Trinkwasser vorhanden
am Start/Ziel, zusätzlicher Parkplatz bei geöffneten Schranken am Haus Schilling, GPS N 53°3.483' E 010°12.092' (km 0,9)

Der Spaziergang entlang der Lopau beginnt an dem kleinen Parkplatz vor den Schranken am Ortsschild von Lopau.

Lopau

Lopau ist ein verlassener Ort. Die Bewohnerinnen und Bewohner mussten in den 70er-Jahren ausziehen, weil das Dorf auf dem Gelände des Truppenübungsplatzes Munster-Nord liegt und auf der nahen Schießbahn Sieben scharf geschossen werden sollte. Diese Schießbahn wurde wie geplant in den 80ern erbaut und genutzt. Als Gegenleistung für die Übernahme des Geländes musste sich die Bundeswehr verpflichten, das Ortsbild so lange wie möglich zu erhalten. Daher stehen auch Jahrzehnte nach dem Auszug der Bewohnerinnen und Bewohner noch einige Gebäude, die immer wieder instand gesetzt werden. Einige sind sogar sehr gut in Schuss, wie z. B. das Haus Schilling auf dem Gelände des Gutes Toepffer, das heute als Waldjugendheim genutzt wird.

Wölfe

Auf diesem Spazierweg an der Lopau kann es sein, dass Sie Wölfe sichten. Auf dem Truppenübungsplatz Munster-Nord sind im Juli 2012 die ersten Wolfsjungen Niedersachsens seit 100 Jahren zur Welt gekommen. Die beiden Elterntiere waren 2011 und 2012 aus Sachsen eingewandert. Das Wolfsmonitoring Niedersachsen filmte 2013 sieben Welpen auf dem Gelände. Und im Februar 2015 näherte sich auf dem Töpferweg (der sich mit dem hier beschriebenen Weg überschneidet) ein Rudel von sieben Tieren einer Spaziergängerin, die mit zwei Hunden unterwegs war, bis auf 10 m. Sie zeigten nach Aussage der Spaziergängerin keinerlei aggressives Verhalten. Der Wolfsberater Uwe Martens erläutert in einem Bericht der „Landeszeitung für die Lüneburger Heide" vom 18.2.15, dass Wölfe nicht Reißaus nehmen, wenn sie den Menschen 3 km gegen den Wind riechen. Sie hätten zwar eine gewisse Grundscheu, seien aber – da sie in der Nahrungskette weit oben stehen – keine Fluchttiere. Vor allem neugierige Jungtiere kommen deshalb oft dicht an Menschen heran.

Am Parkplatz finden Sie eine Infotafel, die über die Waldjugend und die von ihr markierten Wege berichtet.

Einer davon ist der Lopautalweg, der mit einem weißen Stern markiert ist. Diesem Weg folgen Sie vom Parkplatz Richtung Norden an der Lopau entlang. Nach 450 m erreichen Sie eine Brücke, auf der Sie nach links die Lopau überqueren. Hier verlassen Sie den Lopautalweg. Jetzt zeigt Ihnen ein auf dem Kopf stehendes blaues Dreieck, dass Sie auf dem richtigen Weg sind.

Sie erreichen den ehemaligen Gutshof des Dampfpflugfabrikanten Toepffer ❶ und am schönen reetgedeckten Haus Schilling eine Kreuzung (km 0,9). Eine Infotafel informiert Sie hier über die Geschichte des Gutes.

An der Kreuzung nehmen Sie den Weg nach rechts, der durch ein Schild als „Waldweg" ausgewiesen ist. Sie wandern immer geradeaus, bis auf der rechten Wegseite ein kleiner Tümpel auftaucht (km 1,9). Dahinter kommen Sie zu einer Weggabel, an der Sie den auf 1,5 t begrenzten Weg nehmen. Ca. 200 m danach

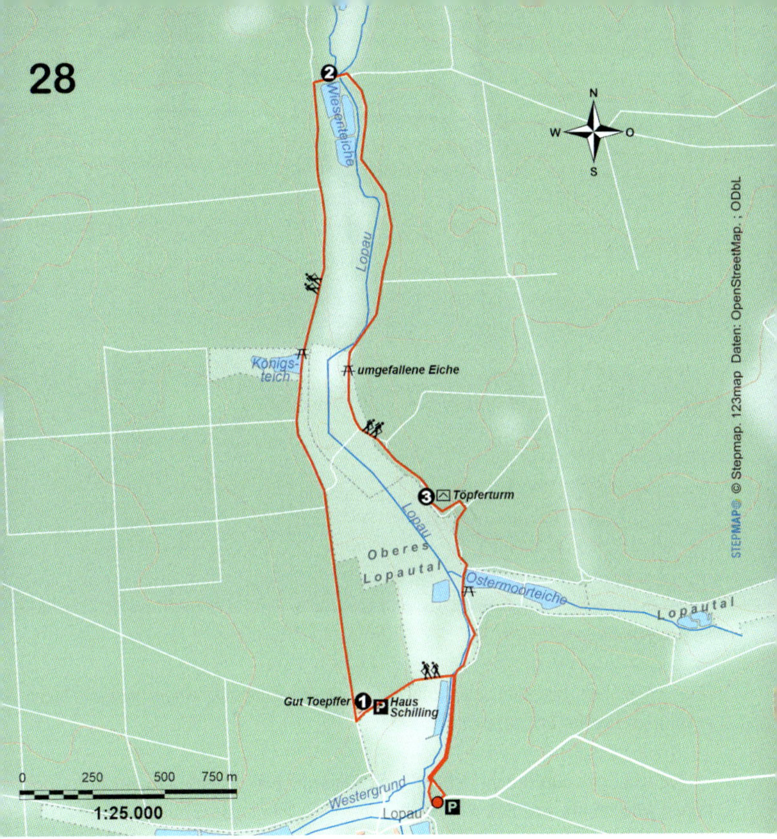

erreichen Sie den Königsteich und eine Bank, die mit Blick auf den Teich zum Rasten einlädt (km 2,1).

Der Teich ist einer der Fischteiche, die der Fabrikant Toepffer für sein Gut errichten ließ.

Es geht weiter geradeaus, bis auf der rechten Seite die Wiesenteiche ❷ auftauchen und eine Abzweigung nach rechts, die auf 1,5 t begrenzt ist (km 3). Hier biegen Sie nach rechts ab. Rechter Hand liegt dann der nördliche der beiden Wiesenteiche.

Sie spazieren über eine Holzbrücke und 20 m hinter der Brücke führt ein für Reiterinnen und Reiter gesperrter Pfad nach rechts in den Wald hinein (km 3,2).

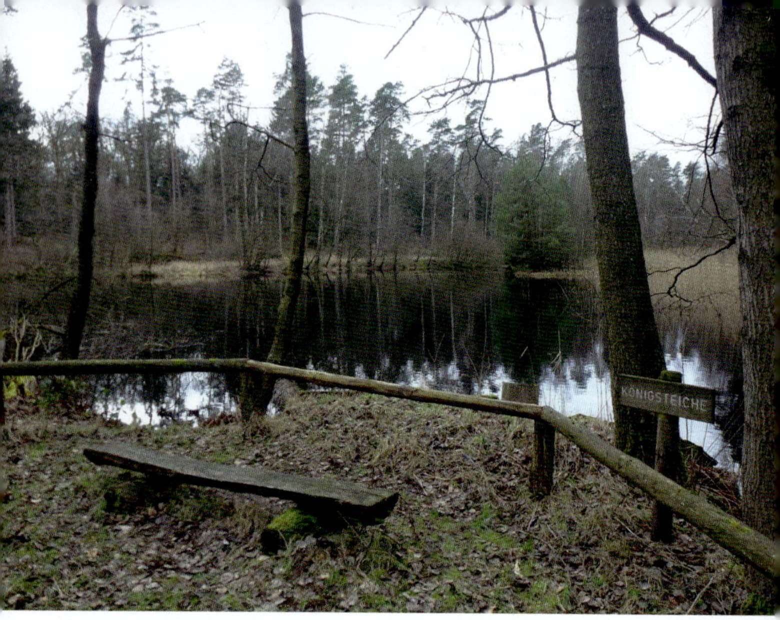

Königsteiche

✎ Von hier bis zum Ziel folgen Sie wieder dem mit einem weißen Stern gekennzeichneten Lopautalweg.

Sie wandern nun durch Fichten- und Kiefernhochwald auf dem Hochufer der Lopau, die rechts von Ihnen verläuft. Sie folgen immer dem Fußpfad und erreichen schließlich eine umgefallene Eiche, die direkt im Weg liegt und einen schönen Picknickplatz abgibt (km 4,2).

Der Pfad führt Sie weiter zu einer Treppe (km 4,5) und zur Schutzhütte Töpferturm ❸ (km 4,7). Der Name der Hütte geht sicher auf den Fabrikanten Richard Toepffer zurück, aber inzwischen hat sich die Schreibweise geändert.

Von der Hütte aus halten Sie sich rechts und folgen dem Sternchen und dem ausgetretenen Pfad, der in einen Waldweg übergeht. Sie wandern auch weiterhin auf dem Hochufer der Lopau. In einem Nebental, in dem ein Weg nach „Wulfsode 3 km" abgeht (km 4,9), gehen Sie weiter nach rechts.

200 m weiter passieren Sie eine Infotafel zum Thema Waldentwicklung. Kurz darauf erreichen Sie den Ostermoorteich. Die Jahreszahl 1908 weist auf die Entstehungszeit dieses Fischteiches hin, als das Toepffersche Gut noch expandierte.

Sie spazieren am Fuß des Teiches entlang und erreichen hinter dem Teich eine sehr alte Bank mit Tisch links des Weges und auf der rechten Seite einen Findling mit der Aufschrift „Pockcze + 4.7.75“.

Der Stein ist wahrscheinlich ein Gedenkstein für Opa Poksche, einen Tagelöhner, der nach der Aussiedlung aus dem Dorf Lopau in einem Männerwohnheim an Heimweh gestorben sein soll.

Sie nehmen den Pfad, der rechts vom Stein verläuft und mit dem weißen Stern gekennzeichnet ist. Er führt Sie direkt an der Lopau entlang. Hinter einem Gatter, das keine Personen mit Fahrrad und Pferd durchlässt, erreichen Sie eine Holzbrücke (km 5,5).

Wenn Sie zum Parkplatz am Haus Schilling zurück möchten, dann gehen Sie hier rechts.

Wenn Sie vom Parkplatz vor dem Ortsschild Lopau losgewandert sind, dann kennen Sie die Brücke schon. Sie müssen nun geradeaus dem weißen Stern bis zum Parkplatz folgen (km 6).

Wanderführer aus dem Conrad Stein Verlag

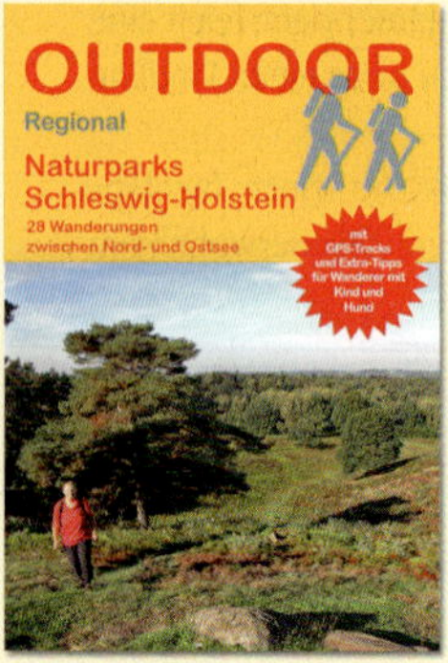

Naturparks Schleswig-Holstein · 28 Wanderungen zwischen Nord- und Ostsee

Tonia Körner
OutdoorHandbuch Band 428
160 Seiten ▸ 58 farbige Abbildungen
27 farbige Karten

ISBN 978-3-86686-585-3

>> **trekkingguide.de:** *„In diesem handlichen Buch werden 27 Wanderungen vorgestellt, die die schönsten Landschaften zwischen Eckernförde und Kellinghusen erschließen."*

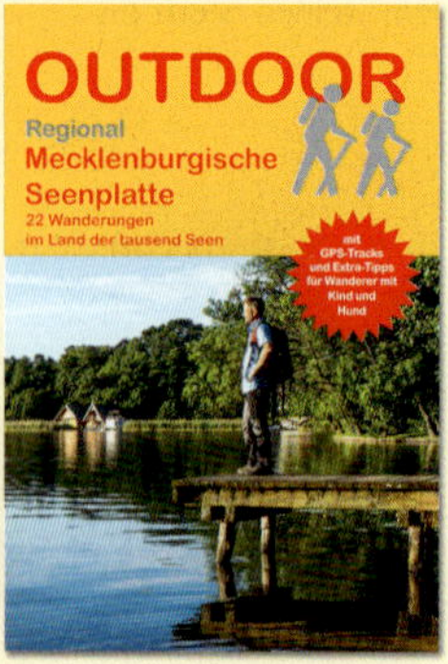

Mecklenburgische Seenplatte · 22 Wanderungen im Land der tausend Seen

Michael Hennemann
OutdoorHandbuch Band 405
160 Seiten ▸ 75 farbige Abbildungen
25 farbige Karten

ISBN 978-3-86686-535-8

>> *Dieses Buch beschreibt die 22 schönsten Tagestouren in der Region, vom kurzen Seeufer-Spaziergang bis zur ausgedehnten 25-km-Runde*

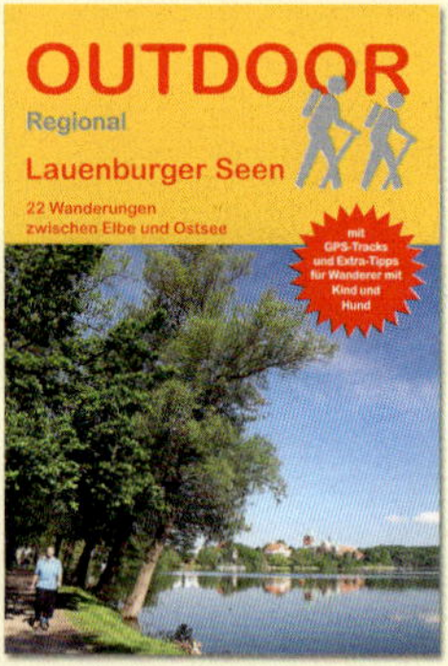

Lauenburger Seen · 22 Wanderungen zwischen Elbe und Ostsee

Tonia Körner
OutdoorHandbuch Band 406
159 Seiten ▸ 55 farbige Abbildungen
24 farbige Karten

ISBN 978-3-86686-534-1

>> **Lübecker Nachrichten:** *„Die sanft hügelige Natur mit den Wäldern und Seen im Kreis Herzogtum Lauenburg ist perfekt geeignet für einen (...) Spaziergang. Wer sich nicht so gut auskennt, ist mit dem Wanderführer vom Conrad Stein Verlag bestens beraten."*